Vorwort

„Ich bin doch kein Hase" und „Was kann man denn da überhaupt noch essen?" sind oft Sätze, die gerne von Nicht-Veganern gesagt werden, wenn Sie hören, dass man die vegane Ernährungsweise bevorzugt.

Ich experimentiere gerne und will immer alles über leckeres Essen und Lebensmittel herausfinden. So koche ich schon seit einigen Monaten viele herrliche vegane Gerichte die mich (und sogar meinen fleischliebenden Ehemann) regelmäßig begeistern. Manche Gerichte erscheinen durch das Vorkochen von getrockneten Bohnen vielleicht etwas aufwändig, der Geschmack wird Sie dafür jedoch entlohnen!

Auf den folgenden zwei Seiten finden Sie wichtige Hinweise, um mit der veganen Ernährung keinen Nährstoffmangel zu erleiden. Hier möchte ich Ihnen noch ein paar „Starter-Tipps" und eine **kurze Ernährungs-Gebrauchsanweisung** geben:

- Versuchen Sie so viel Abwechslung wie möglich in Ihre tägliche Lebensmittelauswahl zu bringen. So versorgen Sie Ihren Körper mit einer Vielzahl an unterschiedlichen Nährstoffen.
- Essen Sie verschiedene Gemüse- und Obstsorten. Ihr Einkaufskorb sollte mit einer reichlichen Vielfalt aufgefüllt sein. Besonders grünes Gemüse wie Brokkoli, Grünkohl, Feldsalat oder Spinat und ein Stück Obst hilft Ihnen dabei, einen Eisenmangel vorzubeugen!
- Achten Sie auf Ihre tägliche Eiweißzufuhr, essen Sie deswegen zu jeder Mahlzeit z.B. ein Sojajoghurt, Tofu, Hülsenfrüchte oder auch Nüsse und Samen.
- Suchen Sie nach einem kalziumreichen Mineralwasser, das Ihnen schmeckt. Schauen Sie auf das Etikett: 300 mg pro Liter sollten darin vorhanden sein.
- Probieren Sie unterschiedliche Beilagen aus: Quinoa, Buchweizen, Amaranth und Hirse sind leckere Alternativen! Aber auch Vollkornreis, Haferflocken, Kartoffeln und leckere Brote sollten auf Ihrem Speisezettel stehen!
- Bereiten Sie Ihre Speisen mit hochwertigen Ölen wie z.B. Rapsöl oder Olivenöl und jodiertem Speisesalz zu.
- Leben Sie nicht nur am Thermomix eine gesunde Lebensweise aus - Bewegung an der frischen Luft gehören ebenfalls dazu!
- Ein Gespräch mit Ihrem Hausarzt zu Ihren Blutwerten ist sinnvoll um Nährstoffdefizite gar nicht erst aufkommen zu lassen. Lassen Sie vor allem das Vitamin B12, Eisen und im Winter das Vitamin D checken.

Guten Appetit wünscht
Tanja Lorenz

Get startet
EINE KLEINE ANLEITUNG

Die vegane Ernährung ist in aller Munde und wird vor allem mit den Worten „sehr gesund" in Verbindung gebracht. Doch wie bei allen Ernährungsformen, gibt es Stolpersteine, die bei einer rein pflanzlichen Ernährung beachtet werden müssen!

Vor allem besteht das Risiko wichtige Nährstoffe in ungenügender Menge aufzunehmen, sodass es zu einem Mangel kommen kann. So sollten Schwangere, stillende Mütter, Säuglinge und Kleinkinder aber auch Senioren beachten, dass Sie möglicherweise Vitamin- und/oder Mineralstoffpräparate einnehmen müssten. Ein Gespräch mit einem Arzt ist hierzu empfehlenswert.

Auch wenn Sie nicht zu den oben genannten „Risikogruppen" gehören, sollten Sie auf die Zusammenstellung Ihres Speiseplans achten. Folgende Nährstoffe sind hierbei wichtig:

Vitamin B12
Dieses Vitamin ist wichtig für:
- Blutbildung
- Zellwachstum und -teilung
- das Nervensystem

Zwar haben wir im Körper einen großen Speicher für Vitamin B12 angelegt, trotzdem sollte man es regelmäßig beim Arzt kontrollieren lassen. Dies können z.B. Cerealien, alternative Milchdrinks, in welchen Vitamin B zugesetzt ist, wie z.B. Sojamilch, Hefeflocken, Säfte oder Fruchtsäfte sein.

Vitamin D
Für die Kalziumaufnahme aus unseren Lebensmitteln benötigt unser Körper Vitamin D. Gerade im Winter ist dieses Vitamin „Mangelware", da es unter Sonneneinstrahlung selbst gebildet werden kann. Es wird daher auch das „Sonnenhormon" genannt. Regelmäßige, mindestens 20-minütige Spaziergänge im Sommer reichen für die körpereigene Produktion aus - allerdings sollte man nicht mit einem starken UV-Blocker eingecremt sein, denn das UV-B Licht wird hierfür benötigt. Es gibt nur wenig Lebensmittel, die Vitamin D-reich sind und gleichzeitig für die vegane Ernährung geeignet sind - einzig Pilze sind hier zu nennen.

Vitamin B2
Dieses Vitamin ist wichtig für eine gesunde Haut und stärkt Nägel und Haare. Es ist an der Energieproduktion in Zellen und am Stoffwechsel beteiligt. Zudem unterstützt es unser Immun- und Nervensystem. Es ist in vielen pflanzlichen Lebensmitteln enthalten: Spinat, Grünkohl, Mais, Kohl, Amaranth, Hafer, Kürbiskerne, Champignons, Linsen und Tofu.

Jod
Als Bestandteil der Schilddrüsenhormone beeinflusst es den Energiestoffwechsel, Blutdruck und das Wachstum. Es ist in tierischen Lebensmitteln enthalten, pflanzliche Lebensmittel enthalten wenig Jod. Daher wird empfohlen, ein jodiertes Speisesalz zu verwenden oder Algen in die tägliche Ernährung einzubauen.

Kalzium
Hier handelt es sich um einen wichtigen Baustein unserer Knochen - durch den Verzicht auf Milchprodukte entfällt bei Veganern eine wichtige Quelle hierfür! Aber auch in zahlreichen Gemüsesorten finden Sie Kalzium: Brokkoli, Bohnen, Fenchel aber auch Grünkohl, Mandeln, Haselnüsse, Sojabohnen, Tofu, Sesam und Petersilie. Auch ein richtiges Mineralwasser mit mindestens 300 mg/Liter hilft dabei, auf eine ausreichende Kalziumzufuhr zu kommen.

Eisen

Ein Mangel an Eisen zeigt sich vor allem in Müdigkeit und das Denken fällt ebenfalls nicht so einfach. Auch eine blasse, rissige, raue Haut sowie eingerissene Mundwinkel können bei einem Eisenmangel auftreten. Eisen finden wir in unserem Körper vor allem in den roten Blutkörperchen und ist wichtig für den Sauerstofftransport und -speicher. Aus tierischen Lebensmitteln kann es einfacher für den Körper verarbeitet werden, da es unserem eigenen sehr ähnlich ist. Pflanzliches kann jedoch ebenfalls aufgenommen werden. In folgenden Lebensmitteln finden Sie Eisen:

- Vollkorngetreide besonders viel in Quinoa, Hirse, Amaranth, Hafer aber auch in Chia-Samen.
- Hülsenfrüchte - welche auch wichtig für die Eiweißversorgung sind - wie z.B. Kidneybohnen, Linsen, Sojabohnen, Tofu
- Grünes Gemüse wie z.B. Fenchel, Feldsalat, Spinat, Schwarzwurzeln, Rosenkohl
- Nüsse wie z.B. Mandeln und Pistazien sowie Ölsamen, aber auch in Trockenfrüchten wie z.B. die Aprikose

Wenn sie diese Lebensmittel mit Vitamin C kombinieren, kann unser Körper das Eisen besser verarbeiten. Also essen sie beispielsweise etwas Obst als Nachtisch oder trinken Sie ein Glas Saft - schon kleine Mengen reichen aus um die Eisenaufnahme zu verdoppeln oder sogar zu verdreifachen. Zudem helfen Sie Ihrem Körper, wenn Sie weniger Kaffee oder schwarzen Tee trinken, das Eisen besser aufzunehmen. Aufgrund der Menstruation sollten Frauen besonders auf eine gute Eiweißzufuhr achten. Auch diesen Wert sollten Sie bei einem Arztbesuch immer wieder kontrollieren lassen.

Zink

Zink hilft unserem Körper bei der Wundheilung. Wie bei Eisen ist das pflanzliche schwieriger aufzunehmen - praktischerweise steckt es in den gleichen Lebensmitteln wie das Eisen.

Eiweiß

Ist ein wichtiger Bestandteil unserer Nahrung. Es liefert Bausteine für Muskeln, Haut und Haare. Enzyme, Hormone und auch wichtige Substanzen wie Hämoglobin (wichtig für die Sauerstoffbindung im Blut) und Transferrin (Eiweißtransport im Blut) sind ebenfalls aus Eiweiß. Zudem ist es ein wichtiger Bestandteil von Hormonen. Ähnlich wie beim Eisen ist auch hier das pflanzliche Eiweiß für unseren Körper etwas schwieriger zu verbauen, als das Tierische. Daher sollten unterschiedliche Eiweißträger miteinander kombiniert werden, um die Aufnahme zu verbessern. Gute Kombinationen sind Getreide und Hülsenfrüchte - zu finden in einigen Rezepten hier im Kochbuch!

Vegane Eiweißlieferanten sind: alle Arten von Hülsenfrüchten und Produkte daraus wie z.B. Tofu, Sojajoghurt, Tempeh, Sojaschnetzel. Aber auch Seitan (Gluten), Nüsse und Ölsamen enthalten diesen wertvollen Nährstoff.

Omega 3 Fettsäuren

Sie sind Bestandteil der Zellmembranen und vom Körper leider nicht selbst herstellbar. Sie müssen deswegen über das tägliche Essen aufgenommen werden. In fetten Fischen sind Sie zu finden - in veganen Lebensmitteln leider weniger. In Leinsamen und Walnüssen finden Sie diese hochwertigen Fettsäuren. Ein „Ölwechsel" ist daher wichtig, achten Sie auf hochwertige Öle. Geeignet sind Leinöl, Walnussöl, Rapsöl oder Sojaöl.

Rezeptübersicht

GRUNDREZEPTE

Kokosdrink	S. 8	Käseschmelz	S. 15
Mandeldrink	S. 9	Tofu	S. 16
Reisdrink	S. 10	Mozzarella di noce	S. 18
Haferdrink	S. 11	Seitan	S. 20
Sojadrink	S. 12	Mandelmus	S. 22
Streukäse aus Nüssen	S. 13		
Frischkäse	S. 14		

FRÜHSTÜCK & SMOOTHIES

Mix Genussella	S. 23
Kokosjoghurt	S. 24
Cashew-Creme	S. 26
Knuspermüsli	S. 28
Grüne Smoothies:	
"Morgengruß"	S. 30
"Pikantino"	S. 31
Quinoa Porridge	S. 32
Süßkartoffelwaffeln	S. 34

SALATE & SNACKS

Edamame	S. 36
Herzhafter Brotaufstrich	S. 37
Bananenbrot mit Avocado-Aufstrich	S. 38
Quinoa Powersalat	S. 40
Salad 2 go	S. 42
Buchweizen-Blini-Burger	S. 44

Suppen & Eintöpfe

Erbsen-Radieschen-Suppe	S. 46
Süßkartoffel-Tomaten-Kokossuppe	S. 48
Ingwer-Pastinakensuppe	S. 50
Tomatiges Gemüse-Dhal	S. 52
Kürbis-Kichererbsen-Curry	S. 54

Hauptgerichte

Chinakohlrouladen	S. 56	Seitan al pesto pomodoro mit Zucchini-Hirse		S. 70
Curry Paste "Shenzen"	S. 58	Italienische Würstchen mit Paprika-Tomaten-Sugo		S. 72
Tofu-Curry "Shenzen"	S. 60	Makkaroni-Auflauf		S. 74
Linsenbällchen mit Tomatensauce & Kurkumareis	S. 62	Gemüselasagne		S. 76
Gemüsekuchen	S. 64	Tacos Veganos		S. 78
Amarathos mit Blumenkohl-Tomaten-Gemüse	S. 66	Tempehspieße mit Erdnusssauce		S. 80
Okara Küchle	S. 68			

Süßes & Desserts

Chia Schokopudding mit Granatapfel-Sauce	S. 82
Avocado Frozen Joghurt mit Mango-Chili-Spaghetti	S. 84
Reis-Mandel-Crunch	S. 86
Kokoskugeln	S. 87
Peanut-Breaker	S. 88
Qui-Ba-Chi Muffins	S. 90
Käsekuchen	S. 92

Kokosdrink

500 ML

Zutaten:

500 g Wasser
100 g Kokosraspeln

Süßungsmittel nach Geschmack z.B. 4 Datteln (entkernt) oder 1 EL Agavendicksaft (bei Punkt 2 mit pürieren)

1 Wasser in den Mixtopf geben und **7 Min./100°C/Stufe 1** aufkochen.

2 Kokosraspeln einfüllen und **1 Min./Stufe 10** mixen. Weitere **10 Min./37°C/Stufe 1** rühren. Abkühlen lassen.

3 Ein Sieb mit einem Passiertuch auslegen und in ein großes Gefäß geben, Mixtur hineinfüllen und passieren. Den Kokosdrink in ein Einmachglas füllen. Eine Flasche ist dafür nicht geeignet, da sich das Fett oben absetzt. Im Kühlschrank ca. 2-3 Tage haltbar.

Was ist Trester?

Trester ist der feste Rückstand der im Passiertuch übrig bleibt. In diesem Fall besteht der Trester aus den ausgepressten Kokosflocken.

Tipp. Mit dem Trester des Kokosdrinks können Sie die Kokoskugeln auf Seite 87 zubereiten. Lassen Sie den Trester hierzu erst über Nacht trocknen.

Mandeldrink

ZUTATEN:

- 100 g Mandeln
- Wasser zum Einweichen (wird später verworfen)
- 750 g Wasser für den Drink

Süßungsmittel nach Geschmack z.B. 4 Datteln (entkernt) oder 1 EL Agavendicksaft

1 Die Mandeln mit Wasser bedecken und über Nacht quellen lassen. Am nächsten Morgen das Einweichwasser wegschütten und die Mandeln mit frischem Wasser abbrausen.

2 Mandeln, frisches Wasser und Süßungsmittel in den Mixtopf geben und **40 Sek./Stufe 7** mixen.

3 Ein Sieb mit einem Passiertuch auslegen und in ein großes Gefäß geben, Mixtur hineinfüllen und passieren. Im Kühlschrank ca. 2-3 Tage haltbar.

750 ML

Tipp. Durch das Einweichen der Nüsse wird die Nussmilch besser verdaulich. Den Trester aus dem Passiertuch am besten trocknen und als Bindemittel in Kuchenteig oder als leckere Müslizutat verwenden. Im Rezept Linsenbällchen auf Seite 62 wird der Trester ebenfalls mit verwendet - allerdings ungesüßt!

Grundrezepte | 9

Reisdrink

Zutaten:

100 g Vollkornreis
600 g Wasser zum Reiskochen
1 L Wasser

Süßungsmittel nach Geschmack
z.B. 4 Datteln (entkernt) oder
1 EL Agavendicksaft

1 Vollkornreis waschen, mit 600 g Wasser in den Mixtopf geben und **25 Min./100°C/Stufe 1** kochen und absieben. Anschließend den Reis 15 Min. auskühlen lassen. Mixtopf mit Wasser ausspülen. (Dies kann auch am Vortag gemacht werden.)

2 Den abgekühlten Reis mit 1 Liter Wasser in den Mixtopf geben. Süßungsmittel dazu und **1 Min./Stufe 9** zu einer homogenen Mischung mixen.

3 Ein Sieb mit einem Passiertuch auslegen und in ein großes Gefäß geben. Mixtur hineinfüllen und passieren.

1 Liter

Tipp. Reisdrink ist in einem geschlossenen Behälter bis zu 2 Tage haltbar, vor dem Servieren muss dieser immer geschüttelt werden, da sich ein Bodensatz bildet. Daher am besten in eine Flasche füllen.

Haferdrink

Zutaten:

80 g Hafer (oder Haferflocken)
1000 g Wasser

Süßungsmittel nach Geschmack
z.B. 4 Datteln (entkernt) oder
1 EL Agavendicksaft

1 Hafer mit Wasser bedecken und über Nacht quellen lassen. Am nächsten Morgen das Einweichwasser wegschütten und den Hafer mit frischem Wasser spülen.

2 Hafer, 500 g Wasser und Süßungsmittel in den Mixtopf geben und **1 Min./Stufe 10** mixen. Restliches Wasser dazugeben und nochmal **10 Sek./Stufe 4** vermischen.

3 Ein Sieb mit einem Passiertuch auslegen und in ein großes Gefäß geben, Mixtur hineinfüllen und passieren.

- 1 -
Liter

Tipp. Haferdrink ist in einem geschlossenen Behälter bis zu 2 Tage haltbar, vor dem Servieren muss dieser immer geschüttelt werden, da sich ein Bodensatz bildet. Daher am besten in eine Flasche füllen.

Sojadrink

- 1 Portion

Zutaten:

100 g Sojabohnen
Wasser zum Quellen
1 Liter Wasser

Süßungsmittel nach Geschmack
z.B. 4 Datteln (entkernt) oder
1 EL Agavendicksaft

1 Die Sojabohnen 12 Std. mit Wasser bedecken und am nächsten Morgen das Einweichwasser wegschütten.

2 Sojabohnen und 500 g Wasser in den Mixtopf geben und **25 Sek./Stufe 6** mixen, weitere 500 g Wasser dazugeben. Das Garkörbchen als Spritzschutz auf den geschlossenen Mixtopf stellen und **8:30 Min./100°C/Stufe 1** erhitzen (Achtung: Sojamilch kann stark schäumen! Dann auf 90°C zurückstellen!), anschließend **20 Min./70°C/Stufe 2** köcheln lassen.

3 Ein Sieb mit einem Passiertuch auslegen und in ein großes Gefäß geben, Mixtur hineinfüllen und passieren.

Tipp. Den Trester können Sie für leckere Okara-Küchle weiterverarbeiten. Das Rezept hierzu finden Sie auf Seite 68. Der Sojadrink ist in einem geschlossenen Behälter bis zu 2 Tage haltbar, vor dem Servieren muss er immer geschüttelt werden, da sich ein Bodensatz bildet. Daher am besten in eine Flasche füllen.

Streukäse aus Nüssen

Zutaten:

- 100 g Mandeln, blanchiert oder Cashewkerne
- 25 g Hefeflocken
- 1 TL Salz

Pro EL:
53 kcal | 2 g KH | 3 g EW | 4 g Fett

1 Alle Zutaten in den Mixtopf füllen und **6 Sek./Stufe 8** zerkleinern. In ein verschließbares Glas füllen.

13 Portionen

Tipp. Verwenden Sie für die Herstellung z.B. "Cashew-Bruch". Diesen erhalten Sie im gut sortieren Biomarkt oder im Internet-Versand. Vorteil ist ein günstigerer Preis, da die Nüsse nicht ganz sind, sondern in Stücken. Für die Herstellung der Lebensmittel aus z.B. Cashewnüssen ist dies jedoch nicht zwingend erforderlich!

Grundrezepte | 13

Frischkäse

Zutaten:

300 g Cashewkerne
1 L Wasser zum Einweichen

Probiotikum z.B.:
1 ½ EL Symbioflor
oder
2 Kapseln "Das gesunde Plus" o. andere probiotische Kapseln

Pro Portion (10,4 g):
32 kcal | 1 g KH | 2 g EW | 2 g Fett

1 Nüsse oder Samen in das Wasser 24 Std. zum Einweichen geben. In dieser Zeit das Wasser einmal abgießen und durch Frisches ersetzen.

2 Nach der Einweichzeit die Nüsse nochmal abbrausen, und mit 200 g frischem Wasser und dem Probiotikum **1:30 Min./Stufe 10** zu einer Cashewcreme mixen.

3 Nun muss die Masse abtropfen können. Hierzu ein Sieb mit einem Passiertuch auslegen und über eine Schüssel hängen. Die Masse nun 3 Std. abtropfen lassen.

4 Mit einem in das Sieb passende Gefäß beschweren (z.B. Topf mit Steinen oder ähnliches), um einen etwas festeren Frischkäse zu erhalten und für ca. 14 Std. an einem warmen Ort fermentieren lassen.

5 Frischkäse in den Kühlschrank geben, nach einem Tag kann er dann gegessen werden. Im Kühlschrank hält der Frischkäse ca. 1 Woche - je länger er dort bleibt, umso fester wird das Ergebnis.

- 17 - Portionen

Tipp. Aus dem fertigen Frischkäse können Sie im Thermomix tolle Varianten zaubern, z.B. mit Kräutern und getrockneten Tomaten. Wenn Sie für den Gemüsekuchen auf Seite 64 keinen Seidentofu verwenden möchten, können Sie stattdessen auch diesen Frischkäse verwenden!

Schneller Käseschmelz

Zutaten:

- 50 g Mandelmus
- 70 g Wasser
- 2 EL Hefeflocken
- 10 g Mandelmehl
- 1 TL Kurkuma
- 1 TL Salz

Würzige Variante:
- 1 TL Senf, mittelscharf

1 Alle Zutaten in den Mixtopf füllen und **5 Sek./Stufe 2** vermischen.

2 Dann **2 Min/80°C/Stufe 2** köcheln lassen bis der Käseschmelz dickflüssig ist.

Pro EL:
25 kcal | 1 g KH | 1 g EW | 2 g Fett

17 Portionen

Tipp. Der Käseschmelz eignet sich sehr gut zum Überbacken z.B. von Pizza oder Lasagne. Der Kurkuma (dt: Gelbwurz) macht den Käseschmelz auch im Aussehen käse-gelb.

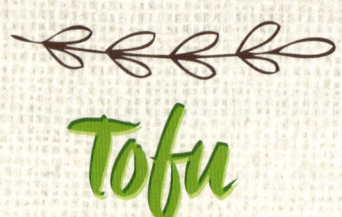

Tofu

Zutaten:

250 g	gelbe Sojabohnen, geschält
2,5 L	Wasser
20 g	Nigari (Pulver)
50 g	Wasser

Für die Zubereitung benötigen Sie einen Tofubereiter!

1 Sojabohnen mit viel Wasser in einem großen Gefäß übergießen, dass diese gut bedeckt sind und 12 Std. quellen lassen. Einweichwasser wegschütten und Bohnen mit frischem Wasser spülen. Mit 1 L Wasser in den Mixtopf geben, **30 Sek./Stufe 6** mixen. Anschließend das Ganze **15 Min./90°C/Stufe 1** ohne eingesetztem Messbecher erhitzen, dabei das Garkörbchen als Spritzschutz oben auf den Mixtopfdeckel stellen.

2 Nun ein Sieb mit einem Passiertuch auslegen, in einen Topf einhängen und den Sojadrink von den festen Bestandteilen trennen (Dieser Trester heißt „Okara" - werfen Sie diesen nicht weg. Sie können daraus leckere „Okara-Küchle" herstellen. Das Rezept dazu finden Sie auf Seite 68.) Mixtopf spülen und das Passiertuch auswaschen.

3 Sojadrink wieder in den Mixtopf füllen, 1,5 Liter heißes Wasser zufügen und **6 Min./80°C/Stufe 2** köcheln lassen. Falls Sie etwas kälteres Wasser nachgefüllt haben noch ein paar Minuten zugeben, bis es 80°C erreicht hat.

4 Nigari in einer kleinen Tasse mit 50 ml Wasser auflösen. Thermomix auf **Sanftrühren** stellen und das aufgelöste Nigari durch die Deckelöffnung zur Sojamilch in den Mixtopf geben, es gerinnt sofort. Nach **ca. 45 Sek.** kann der Thermomix abgeschalten werden. Den geronnenen Sojadrink nun ca. 3 Min. stehen lassen.

5 Anschließend das Garkörbchen mit dem Passiertuch auslegen, Masse hineinfüllen und auf das Waschbecken stellen, wo die "Molke" abtropfen kann. Warten, bis die „Molke" abgelaufen ist, das kann ca. 45 Min. dauern. Anschließend vorsichtig auspressen.

6 Nun die Masse vom Passiertuch lösen und in den Tofubereiter geben und pressen. Tofu aus der Form nehmen und in ein mit Wasser gefülltes Gefäß geben. Im Kühlschrank hält er sich ca. 2 Tage.

> **Tipp.** Falls Sie sich keinen Tofubereiter anschaffen möchten, können Sie alternativ das Garkörbchen verwenden.

Mozzarella di noce

Zutaten "Bianco":

100 g	Cashewkerne
2 EL	Flohsamenschalen, gemahlen
200 g	Wasser
1 EL	Zitronensaft, frisch gepresst
1 Prise	Salz

Zutaten "Caprese":

2 TL	Tomatenmark
1 Handvoll	Basilikum, in Streifen geschnitten
etwas	Salz & Pfeffer nach Geschmack

Pro Portion (160 g):
311 kcal | 14 g KH | 9 g EW | 25 g Fett

1 Die Cashewkerne ca. 2 Std. in Wasser einweichen. (So viel Wasser verwenden, bis die Kerne bedeckt sind).

2 Das Einweichwasser der Cashewkerne abgießen. Cashewkerne abbrausen und in den Mixtopf einfüllen. Flohsamenschalen zusammen mit 200 g Wasser, Zitronensaft und Salz in den Mixtopf füllen. Nun alles **45 Sek./Stufe 9** fein pürieren, hierzu die Masse mit dem Spatel immer wieder Richtung Mixtopfboden schieben und ggf. wiederholen bis keine Stückchen mehr vorhanden sind und eine homogene Masse entstanden ist.

3 In ein kleines Schüsselchen geben und abgedeckt 12 Std. im Kühlschrank fest werden lassen.

4 Für die Tomaten-Basilikum-Variante die dazugehörenden Zutaten (außer Basilikum) wie in Punkt 2 beschrieben vermengen und ebenfalls in einem Schüsselchen fest werden lassen. Basilikum nach dem Pürieren unterrühren. Mit Tomaten und Basilikum anrichten.

Seitan

Zutaten:

190 g	Wasser
2 EL	Sojasauce
1 EL	Zucker
1 TL	Salz
1 TL	Knoblauchpulver
1 TL	Paprikapulver, geräuchert
½ TL	Kreuzkümmel, gem.
¼ TL	Muskat, gem.
150 g	Glutenpulver

Pro Portion (124 g):
220 kcal | 8 g KH | 41 g EW | 2 g Fett

Achtung. Menschen mit Zöliakie müssen auf den Genuss von Seitan verzichten!

1 Wasser, Sojasauce und Zucker im Mixtopf **3 Min./Stufe 2** verrühren, bis der Zucker aufgelöst ist. Alles (außer das Glutenpulver) dazugeben und **5 Sek./Stufe 2** vermengen.

2 Gluten einfüllen, sofort den Mixtopf verschließen und **10 Sek./Stufe 2** verrühren.

3 Nun stehen **verschiedene Möglichkeiten** zum Garen zur Verfügung:

1. Im Thermomix: 600 g Wasser einfüllen, Seitan in das Garkörbchen geben und **60 Min./Varoma/Stufe 1** mit eingesetztem Messbecher garen.

2. Im Kochtopf: Seitan mit kräftiger Brühe gut bedecken und 60 Min. knapp unter dem Siedepunkt garen.

3. Im Ofen: Alufolie mit Öl bepinseln, Seitan darin einschlagen und 60 Min. bei 180°C Ober-/Unterhitze (160°C Umluft) in den Backofen geben.

Für das Rezept "Seitan al pesto pomodor" auf Seite 70 wurde der Seitan im Ofen gebacken.

Tipp. Die verschiedenen Garmethoden erzeugen unterschiedliche Ergebnisse! Im Ofen gebacken wird der Seitan fest. Weicher wird er im Thermomix und etwas schwammiger wird er im Kochtopf. Probieren Sie alle Varianten aus und finden Sie Ihren Favoriten.

Hochwertiges Mandelmus

50 Portionen

Zutaten:

500 g   Mandeln

Pro Portion (10 g):
59 kcal | 1 g KH | 2 g EW | 5 g Fett

1 Mandeln in den Mixtopf geben und **15 Sek./Stufe 5** zerkleinern.

2 Anschließend **45 Sek./Stufe 9** mit Hilfe des Spatels mahlen. Die Mandeln etwas auflockern und nochmal **45 Sek./Stufe 7** mit Hilfe des Spatels mahlen.

3 Alles mit dem Spatel Richtung Topfboden schieben und nun ein weiteres Mal wiederholen: **45 Sek./Stufe 7** mit Hilfe des Spatels mixen. Danach wieder alles vom Topfrand zum Topfboden schieben und weitere **35 Sek./Stufe 6** mixen. Nun leuchtet die 50°C Lampe auf, die Mandeln müssen nun abkühlen. Füllen Sie sie daher auf einen großen Teller und warten Sie ca. 25 Min. bis sie ausgekühlt sind.

4 Nach dem Auskühlen die Mandeln in den Mixtopf zurückgeben und **3x 30 Sek./Stufe 6** mahlen, beim ersten Mal wird es noch nötig sein, den Spatel zu Hilfe zu nehmen, anschließend alles vom Topfrand mit dem Spatel zum Topfboden schieben. Danach ist noch eine Pause zum Abkühlen nötig, füllen Sie vorher das Mandelmus wieder auf einen Teller um.

5 Mandelmus in den Mixtopf zurück geben und so oft **45 Sek./Stufe 5-6** mixen, bis Ihr Mandelmus die optimale Konsistenz hat. Es kann sein, dass es nötig ist zwischendrin nochmals eine Abkühlungspause einzulegen.

Ein besonders leckeres Mandelmus erhalten Sie, wenn Sie die Mandeln ca. 10 Min. im Backofen bei 180°C Ober-/Unterhitze (160°C Umluft) rösten - allerdings ist das Mandelmus dann nicht mehr rohköstlich, da die Mandeln über 40°C erhitzt werden.

Tipp. Diese Vorgehensweise kann bei allen Nusssorten angewandt werden. Zeit können Sie sparen, wenn Sie nach dem Aufleuchten der 37°C Lampe noch 1-2x die Einstellung wiederholen, dann ist das Mandelmus jedoch auch nicht mehr „rohköstlich". Für das Mandelmus brauchen Sie die Mandeln nicht enthäuten. Falls Sie jedoch weißes Mandelmus herstellen wollen, benötigen Sie blanchierte Mandeln. Vor der Verarbeitung ist es wichtig, dass die Mandeln wieder völlig getrocknet sind!

- 10 -
Portionen

Mix Genussella

Zutaten:

150 g	Mandelmus
100 g	Soja-Cuisine
10 g	Bio-Kakao
1 TL	Vanille-Essenz
60 g	Agavendicksaft
1 Prise	Salz

Zubereitung:

1 Alle Zutaten in den Mixtopf geben und **10 Sek./Stufe 3** vermischen. Alles vom Topfrand mit dem Spatel Richtung Boden schieben und nochmal wiederholen.

Pro Portion (35 g):
175 kcal | 9 g KH | 4 g EW | 14 g Fett

Kokosjoghurt

Zutaten:

500 g	Kokosmilch
2 gestr. TL	Johannisbrotkernmehl
2 Kapseln	Milchsäurekulturen (z.B. von „Das gesunde Plus" von dm-drogerie markt)
etwas	Vanillepulver nach Geschmack

Pro Portion (125 g):
240 kcal | 5 g KH | 2 g EW | 24 g Fett

1 Kokosmilch in den Mixtopf geben und ca. **5 Min./37°C/Stufe 4** erwärmen, dabei das Johannisbrotkernmehl einrieseln lassen. Wenn das Mehl im Mixtopf ist auf **Stufe 1** runterschalten.

2 Milchsäurekulturen und ggf. Vanillepulver zugeben und **20 Sek./Stufe 3** vermischen.

3 Joghurt in verschließbare Marmeladengläser füllen und im Backofen bei eingeschaltetem Licht ca. 12 Std. reifen lassen. Anschließend im Kühlschrank aufbewahren.

Cashew Creme

Zutaten:

250 g	Cashewkerne
	Wasser zum Quellen
300 g	Wasser

Pro Portion (138 g):
370 kcal | 14 g KH | 13 g EW | 29 g Fett

Tipp. Schmeckt lecker zu Müsli oder Früchten.

1 Cashewkerne in eine große Schüssel geben, mit Wasser bedecken und ca. 5 Stunden quellen lassen. In ein Sieb geben, Einweichwasser wegschütten und mit frischem Wasser abbrausen.

2 Nüsse und 300 g Wasser in den Mixtopf geben und alles **10 Sek./Stufe 3** mixen, mit dem Spatel Richtung Mixtopfboden schieben und **1:30 Min./Stufe 8** mixen bis die Konsistenz cremig ist. Eventuell noch etwas Wasser zufügen.

Tipp: Die Cashew-Creme können Sie auch mit Milchsäure-Kulturen (z.B. 1 Msp. Joghurt-Starter oder aus dem Drogeriemarkt "Das gesunde Plus" 2 Kapseln) zu Joghurt verarbeiten. Hierzu den Thermomix auf **Stufe 2** laufen lassen, Probiotikum durch den Deckel einrieseln lassen und **4 Min./37°C/Stufe 2** erwärmen. Die Creme in ein Sprossenglas umfüllen und an einem warmen Ort für ca. 12 Std. zu Joghurt fermentieren lassen. Nun den Joghurt noch einige Std. im Kühlschrank ruhen lassen, er hält ca. 4 Tage.

Knuspermüsli
auf Vorrat

Zutaten:

150 g	Buchweizen
100 g	Datteln, entkernt
20 g	Sesam
40 g	Mandeln, grob gehackt
100 g	Haferflocken
30 g	Chia-Samen
30 g	Kokosflocken
2 EL	Agavendicksaft
2 EL	Olivenöl
50 g	Braunhirse-Flocken

Pro Portion (50 g):
114 kcal | 13 g KH | 3 g EW | 5 g Fett

1 Buchweizen und 400 g Wasser in den Mixtopf füllen und **17 Min./60°C/Stufe 1** köcheln lassen. Backofen auf 100°C Umluft vorheizen. Im Garkörbchen absieben und sofort kalt abspülen. Buchweizen auf ein mit Backpapier ausgelegtes Backblech geben und ca. 20 Min. im Backofen trocknen lassen danach aus dem Ofen nehmen. Backofen auf 160°C Ober-/Unterhitze vorheizen.

2 In der Zwischenzeit Datteln mit 50 g Wasser in den Mixtopf geben und **5 Min./100°C/Stufe 1** weich kochen. Nochmal 50 g Wasser zufügen und **3 Sek./Stufe 8** pürieren, diesen Vorgang ca. 2-3x wiederholen, bis ein Brei entstanden ist. Eventuell noch etwas mehr Wasser dazugeben.

3 Den getrockneten Buchweizen und alle weiteren Zutaten (außer Braunhirse) in den Mixtopf füllen und **1 Min./ /Stufe 1** mit Hilfe des Spatels vermengen.

4 Die Mischung wieder auf das mit Backpapier ausgelegte Backblech geben und 15 Min. rösten. Anschließend auf 140°C herunterstellen und ca. 30 Min. backen. Abkühlen lassen, Braunhirse-Flocken dazugeben und in ein großes Vorratsglas füllen.

Das Müsli können Sie mit noch vielen weiteren Cerealien auffüllen. Lecker sind dazu auch Dinkelflakes oder Amaranthpops. Wenn Sie das Müsli mit Sojaflocken auffüllen möchten, erhöhen Sie auf einfache Weise den Eiweißgehalt in Ihrer veganen Ernährung.

Was ist Braunhirse?

Braunhirse ist die Wildform der Hirse, sie enthält kein Gluten und hat einen hohen Mineralstoffgehalt von Magnesium, Zink und Eisen.

Green Smoothie
Morgengruss

2 Portionen

Zutaten:

150 g	Salatgurke
1	Kiwi
¼	reife Avocado
50 g	Baby-Spinat
30 g	Zitronensaft
450 g	Kokoswasser

Pro Portion:
103 kcal | 15 g KH | 4 g EW | 3 g Fett

1 Gurke, Kiwi und Avocado schälen und in Stücke schneiden. Zusammen mit den restlichen Zutaten in den Mixtopf geben und **1 Min./Stufe 10** mixen.

Was ist Kokoswasser?

Kokoswasser ist nicht das Gleiche wie Kokosmilch - es ist der Saft der grünen, unreifen Kokosnuss und ist geschmacklich nicht mit der Kokosmilch zu vergleichen. Kokoswasser schmeckt süß-säuerlich und ist insgesamt flüssiger als die Kokosmilch. Kokoswasser enthält viel Kalium, Calcium und Magnesium. Es ist mit Mineralwasser zu vergleichen. Empfohlen wird es in diesem Rezept wegen des Geschmacks. Es kann auch gegen stilles Mineralwasser getauscht werden!

Green Smoothie Pikantino

- 2 Portionen -

Zutaten:

5 g	Ingwer, walnussgroß
70 g	Babyspinat
125 g	Heidelbeeren oder Himbeeren
140 g	reife Birne, geputzt, in Stücken
50 g	Banane
350 g	Kokoswasser
1 EL	Leinöl

Pro Portion (283 g):
172 kcal | 25 g KH | 3,5 g EW | 6 g Fett

1 Ingwer schälen, in den Mixtopf geben und **3 Sek./Stufe 10** zerkleinern. Mit dem Spatel alles Richtung Topfboden schieben, bei Bedarf wiederholen.

2 Restliche Zutaten zugeben und **1 Min./Stufe 10** mixen.

Hinweis: Die lange Zeit sollte der Smoothie gemixt werden damit wirklich alle Strukturen aufgebrochen werden, und dadurch gut verdaut werden können. Smoothies sollte man nicht einfach "wegtrinken" sondern auch kauen, dies unterstützt ebenfalls eine optimale Verwertung der Inhaltsstoffe.

Quinoa Porridge

Zutaten:

160 g	weißer Quinoa
400 g	Mandeldrink
1 Pr.	Salz
¼ TL	Zimt
¼ TL	Vanillepulver, gem.
1 EL	Agavendicksaft
150 g	frische Beeren
1 EL	Pistazien, gehackt

Pro Portion (365 g):
378 kcal | 58 g KH | 13 g EW | 10 g Fett

1 Quinoa in ein Sieb geben und heiß abspülen. Anschließend mit Mandeldrink, Salz, Zimt und Vanillepulver in den Mixtopf geben und **7 Min./100°C/Stufe 2** aufkochen. Danach **20 Min./90°C/Stufe 2** köcheln lassen.

2 Agavendicksaft zufügen und **5 Sek./Stufe 2** verrühren.

3 Porridge auf 2 Schälchen aufteilen und mit den frischen Beeren und den gehackten Pistazien garnieren.

Süsskartoffelwaffeln

Zutaten:

175 g	Süßkartoffeln, am besten am Vortag gekocht
200 g	Kokosmilch
15 g	Agavendicksaft
1 TL	Vanille-Extrakt
100 g	Mandeln, blanchiert, gem. (o. Trester aus Mandeldrinkproduktion)
60 g	Stärke
1 EL	Backpulver
½ TL	Salz
etwas	vegane Margarine oder Kokosöl zum Einfetten

Pro Waffel:
360 kcal | 31 g KH | 8 g EW | 23 g Fett

1 Die kalten Süßkartoffeln schälen und in Stücken mit der Kokosmilch, dem Agavendicksaft und dem Vanille-Extrakt in den Mixtopf geben. **20 Sek./Stufe 4** mixen. Alles mit dem Spatel Richtung Topfboden schieben. Wiederholen bis eine gleichmäßige Masse entstanden ist.

2 Restliche Zutaten hinzufügen und **5 Sek./Stufe 3** unterrühren. Nochmal alles mit dem Spatel Richtung Topfboden schieben und 15 Min. quellen lassen.

3 In der Zwischenzeit das Waffeleisen vorheizen, mit Margarine oder Kokosöl einfetten und zwei große belgische Waffeln ausbacken.

4 Mit etwas Sojajoghurt und frischem Obst genießen.

Kleiner Snacktipp: Edamame

Zutaten:

500 g	Edamame-Schoten, TK
1000 g	Wasser
1 EL	Salz

Pro Portion (125 g):
159 kcal | 15 g KH | 13 g EW | 5 g Fett

1 Die gefrorenen Edamame-Schoten in den Varoma geben und das Salz darüber verstreuen.

2 Wasser in den Mixtopf einfüllen, Mixtopf verschließen, Varoma aufsetzen und **30 Min./Varoma/Stufe 1** dämpfen.

3 Von den Schoten sind nur die Bohnenkerne essbar - einzeln aus den Schoten gepellt oder „gezuzelt" ein toller Snack zum TV-Abend!

2 Portionen

Herzhafter Brotaufstrich

Zutaten:

80 g	Grünkern
100 g	Kartoffeln
½	Zwiebel
60 g	Sonnenblumenkerne
2	Knoblauchzehen
400 g	Seidentofu
20 g	Hefeflocken
60 g	Sojasauce
1 TL	Zitronensaft
2 TL	Wasser, lauwarm
je ½ TL	Zucker, getr. Thymian, getr. Rosmarin, getr. Majoran
1 TL	Gemüsebrühpulver
etwas	Muskat, gem. und Pfeffer

Pro Portion (30 g):
43 kcal | 5 g KH | 3 g EW | 1 g Fett

1 Grünkern in den Mixtopf geben und **45 Sek./Stufe 10** mahlen. Umfüllen. Kartoffeln (geschält) in Stücken, Zwiebel, Sonnenblumenkerne und Knoblauch in den Mixtopf füllen und **5 Sek./Stufe 7** zerkleinern, mit dem Spatel Richtung Topfboden schieben.

2 Restliche Zutaten hinzufügen und **10 Sek./Stufe 5** vermischen, bis eine glatte, homogene Masse entstanden ist.

3 Die Masse im Mixtopf **25 Min./100°C/Stufe 1** kochen. Anschließend in saubere verschließbare Gläser füllen und abkühlen lassen.

Hält im Kühlschrank ca. 1 Woche. Wenn Sie den Aufstrich auf mehrere kleine Gläser aufgeteilt haben können Sie diese auch einfrieren.

23 Portionen

Salate & Snacks

Bananenbrot
Mit Avocado-Aufstrich

Zutaten Brot:

300 g	Dinkelkörner
200 g	Bananen
400 g	Kokosmilch
50 g	Sojadrink
100 g	Dinkelmehl, Typ 630
1 Pk.	Backpulver
1 EL	Currypulver
1 EL	Salz
1 Pr.	Rohrohrzucker
1 EL	Flohsamenschalen
½ TL	Johannisbrotkernmehl

Zutaten Aufstrich:

2	Knoblauchzehen (werden beim Brot mit gebacken)
3 EL	Pinienkerne
2-3	Tomaten
1	reife Avocado
1 EL	Limettensaft
1 Pr.	Salz
etwas	Pfeffer

Pro Portion (97,9 g):
181 kcal | 21 g KH | 5 g EW | 8 g Fett

Bananenbrot

1 Ofen auf 190°C Ober-/Unterhitze vorheizen. Dinkelkörner im Mixtopf **1 Min./Stufe 10** mahlen. Umfüllen.

2 Bananen in Stücken in den Mixtopf geben und **4 Sek./Stufe 4** zerkleinern. Kokosmilch und Sojadrink zugeben und **20 Sek./Stufe 4** verrühren. Restliche Zutaten für das Brot hinzufügen und **30 Sek./Stufe 6-7** vermischen.

3 Eine Kastenform mit Backpapier auslegen und den Teig einfüllen. Brot ca. 60 Min. auf der mittleren Backschiene goldbraun backen. 10 Min. vor dem Ende der Backzeit die 2 Knoblauchzehen für den Aufstrich ungeschält mit zum Bananenbrot legen und die restliche Zeit mitbacken. Brot auf einem Kuchengitter oder Backrost auskühlen lassen.

Avocado Aufstrich

1 Die Pinienkerne in einer Pfanne ohne Öl rösten, bis sie sich leicht bräunlich färben. Die Tomaten waschen und in Scheiben schneiden.

2 Die vorgegarten Knoblauchzehen, Avocadofruchtfleisch, Limettensaft, Salz und Pfeffer in den Mixtopf geben und **8 Sek./Stufe 5** pürieren.

3 Das ausgekühlte Brot mit der Avocado-Creme bestreichen und mit den Tomaten und Pinienkernen garnieren.

- 16 -
PORTIONEN

Quinoa Powersalat

Zutaten Dressing:

1	Knoblauchzehe
je 1 EL	weißen und dunklen Balsamicoessig
1 EL	Olivenöl
etwas	Salz

Zutaten Salat:

1 TL	Öl
100 g	Quinoa, bunte Mischung
100 g	Baby-Spinat
200 g	Cocktailtomaten
3	Frühlingszwiebeln
1	kl. Avocado (ca. 80 g

1 Knoblauchzehe im Mixtopf **5 Sek./Stufe 5** zerkleinern. Mit dem Spatel Richtung Topfboden schieben. Restliche Zutaten für das Dressing zugeben und **10 Sek./Stufe 5** mischen. Umfüllen. Mixtopf mit Wasser ausspülen.

2 1.000 g Wasser (TM31: 800 g) und Öl in den Mixtopf geben. Quinoa in ein feines Sieb geben und waschen. In das Garkörbchen umfüllen und in den Mixtopf einsetzen. **20 Min./Varoma/Stufe 2** garen.

3 Spinat waschen, putzen und in eine Schüssel geben. Tomaten in Stücke und Frühlingszwiebeln in feine Ringe schneiden. Avocado erst kurz vor dem Vermengen halbieren, den Kern entfernen und von der Schale befreien. (Sonst wird das Fruchtfleisch braun). Fruchtfleisch in mundgerechte Stücke schneiden.

4 Den fertig gegarten Quinoa zum Spinat in die Schüssel geben und vermengen, dann alle weiteren Zutaten (außer Avocado) hinzufügen und gut vermischen. Zum Schluss die Avocadostücke vorsichtig unterheben.

Pro Portion (812 g):
307 kcal | 37 g KH | 9 g EW | 15 g Fett

Was ist Quinoa?

Quinoa ist ein sog. Pseudogetreide und wurde schon vor 6000 Jahren von den Inkas gegessen. Für Veganer ist dieses Korn sehr wertvoll, da es einen hohen Eiweißanteil hat. Quinoa enthält alle essentiellen (d.h. der Körper kann diese nicht selbst herstellen, sie müssen über die Nahrung aufgenommen werden) Aminosäuren und zusätzlich auch Eisen und Kalzium.

- 2 -
PORTIONEN

Tipp. Schmeckt auch gut mit Rucola!

Salad 2 go

ZUTATEN SALAT:

1 TL	Rapsöl
80 g	Quinoa
½	Salatgurke
2	Frühlingszwiebeln
160 g	Karotte, geschält, in Stücken
150 g	rote Paprika, in Stücken
1 EL	Tomatenmark
1 EL	Mandelmus
je ¼ TL	Salz und Pfeffer
100 g	Kichererbsen, gegart
2 EL	Mandeln, gehackt
10	Cherrytomaten
120 g	Blattsalat (z.B. Babyspinat, Rucola oder Mischung)

CAYENNE-ORANGEN-DRESSING:

4 EL	Rapsöl nativ
4 EL	Zitronensaft
4 EL	Orangensaft
1 TL	gem. Kreuzkümmel
½ TL	Cayenne-Pfeffer
½ TL	Salz
etwas	Pfeffer

Pro Portion (390 g):
329 kcal | 27 g KH | 9 g EW | 20 g Fett

1 1.000 g Wasser (TM31: 800 g) und Öl in den Mixtopf geben. Quinoa in ein feines Sieb geben und waschen. In das Garkörbchen umfüllen und in den Mixtopf einsetzen.
20 Min./Varoma/Stufe 2 garen. Nach Garzeitende Gareinsatz herausnehmen und Mixtopf leeren.

2 Alle Zutaten für das Dressing in den Mixtopf geben und **5 Sek./Stufe 4** vermischen, auf drei Gläser aufteilen.

3 Salatgurke in mundgerechte Stücke schneiden, Frühlingszwiebeln in feine Röllchen schneiden. Karotte, Paprika, Tomatenmark, Mandelmus, Salz und Pfeffer in den Mixtopf geben und **5 Sek./Stufe 5** mixen.

4 Nun die Gläser jeweils mit einem Drittel der Zutaten befüllen: In das Dressing den Quinoa geben, Kichererbsen, Gurken, Karotten-Paprika-Salat, Mandeln und Frühlingszwiebeln, Tomatenhälften und zum Schluss mit Blattsalat fest auffüllen, dass der Inhalt sich nicht vermischt.

Tipp. Garen Sie gleich etwas mehr Quinoa und Kichererbsen, evtl. im Kochtopf und frieren Sie diese portionsweise ein. 250 g Quinoa funktionieren mit der obengenannten Methode einwandfrei. Sie können den Salat auch mit gefrorenen Zutaten morgens zubereiten – bis mittags sind diese längst aufgetaut und bereit zum Essen! Durch die Trennung der Sauce vom Salat schon im Glas, können Sie diese optimale Mittagspausen-Mahlzeit wunderbar für 2 Tage im Voraus zubereiten.

Glasgröße: 750 ml

Gegessen wird folgendermaßen:
Glasinhalt auf einen Teller stürzen - nun verbindet sich der herrlich mit der Salatsauce durchgezogene Quinoa mit dem Rest des Salates. Eine wirklich optimale Sommer-Pausenmahlzeit!

- 3 -
Portionen

Buchweizen Blini Burger

Zutaten Blinis:

200 g	Buchweizenkörner
300 g	Wasser
½ Würfel	Hefe
1 Prise	Zucker
160 g	Dinkelmehl, Typ 630
1 TL	Salz
etwas	Pfeffer
¼ TL	Muskat, gem.

Zutaten Füllung:

150 g	Zwiebeln
20 g	Rapsöl
200 g	Champignons
1 Dose	Sauerkraut (Abtr.gew. 400 g)
1	Lorbeerblatt
3	Wacholderbeeren
1 TL	Paprika, edelsüß
1 TL	Salz
½ TL	Pfeffer
1 TL	Thymian
1 TL	Agavendicksaft
4 EL	Öl zum Ausbacken der Blinis
etwas	Petersilie, frisch gehackt

Pro Portion (230 g):
359 kcal | 46 g KH | 12 g EW | 14 g Fett

Buchweizen Blinis

1 Buchweizenkörner in den Mixtopf geben und **45 Sek./Stufe 10** mahlen. Umfüllen.

2 Wasser, Hefe und Zucker in den Mixtopf geben und **3 Min./37°C/Stufe 2** erwärmen. Die beiden Mehlsorten, Salz, Pfeffer und Muskat dazugeben und **2 Min./Teigstufe** kneten. Den Teig in eine Schüssel geben und abgedeckt an einem warmen Ort gehen lassen, bis er sein Volumen verdoppelt hat. Mixtopf spülen und während der Gehzeit die Füllung zubereiten.

Füllung

1 Zwiebeln halbieren, in den Mixtopf geben und **5 Sek./Stufe 5** zerkleinern. Rapsöl dazugeben, alles mit dem Spatel Richtung Topfboden schieben und **3 Min./120°C/Stufe 1 (TM31: Varoma)** dünsten.

2 Champignons in feine Scheiben schneiden und zusammen mit den restlichen Zutaten in den Mixtopf geben. Das Ganze **20 Min./100°C/ /Sanftrührstufe** garen. Wacholderbeeren und Lorbeerblatt aus dem Sauerkraut entfernen. In einer Pfanne aus dem Teig 10 Blinis ausbacken. Zwischen jeweils zwei Blinis Sauerkraut geben. Mit Petersilie bestreut servieren.

Tipp. Man kann das Sauerkraut auch noch mit etwas Soja-Cuisine verfeinern. Besonders schön werden die Blinis, wenn Sie diese in einem großen, mit Öl eingefetteten Servierring ausbacken.

- 5 -
Portionen

Erbsen-Radieschen-Suppe

ZUTATEN:

1	rote Zwiebel
1 EL	Rapsöl
400 g	Erbsen, TK
220 g	Kartoffeln, mehlig kochend
100 g	Radieschenblätter
400 g	Kokosmilch
500 g	Gemüsebrühe, kräftig
1 TL	Salz
100 g	Radieschen
1/2	Bio-Limette, Saft davon
1 TL	Wasabipaste
50 g	Soja-Cuisine

Pro Portion (527 g):
400 kcal | 27 g KH | 14 g EW | 26 g Fett

1 Zwiebel halbieren und in den Mixtopf geben, **5 Sek./Stufe 5** zerkleinern. Rapsöl zufügen und **2 Min./120°C/Stufe 1 (TM31: Varoma)** dünsten. Kartoffel schälen und in Stücke schneiden. Radieschenblätter gut waschen und grob hacken.

2 Erbsen, Kartoffelstücke, Radieschenblätter, Kokosmilch, Gemüsebrühe und Salz zufügen. **15 Min./100°C/Stufe 1** kochen. In der Zwischenzeit die Radieschen waschen und in feine Scheiben hobeln.

3 Limettensaft, Wasabipaste und Soja-Cuisine zugeben und **20 Sek./Stufe 8** pürieren. Die Suppe mit den Radieschen bestreut servieren. Ggf. nochmal mit Limettensaft und Wasabipaste abschmecken.

- 3 -
PORTIONEN

Süsskartoffel-Tomaten Kokossuppe

ZUTATEN:

1	Zwiebel
2	Knoblauchzehen
1 TL	Olivenöl (oder Kokosöl)
1 TL	Kurkuma
500 g	Süßkartoffeln
300 g	Kokosmilch
1 Dose	Tomaten (400 g)
600 g	Wasser
1 TL	Salz
1 TL	Gemüsebrühpulver
etwas	Pfeffer
1 TL	Garam Masala

KOKOS-TOPPING:

40 g	Kokosflakes
1 Handvoll	Petersilie, fein gehackt
30 g	Zitronensaft
1 TL	Olivenöl
etwas	Salz und Pfeffer

Pro Portion (487 g):
385 kcal | 36 g KH | 5 g EW | 24 g Fett

1 Zwiebel (halbiert) und Knoblauch im Mixtopf **5 Sek./Stufe 5** zerkleinern. Mit dem Spatel Richtung Topfboden schieben, Olivenöl und Kurkuma dazugeben und **3 Min./120°C/Stufe 2 (TM31: Varoma)** dünsten.

2 Süßkartoffeln schälen und in groben Stücken zugeben, **7 Sek./Stufe 6** zerkleinern. Kokosmilch, Tomaten, Wasser, gekörnte Brühe und Gewürze zugeben. Garkörbchen als Spritzschutz oben auf den Mixtopfdeckel stellen (Messbecher nicht einsetzen) und die Suppe **17 Min./100°C/Stufe 1** kochen.

3 In der Zwischenzeit das Kokos-Topping servierfertig vorbereiten: Alle Zutaten vermengen und mit Salz und Pfeffer abschmecken.

4 Nach Garzeitende, Garkörbchen beiseite nehmen und Messbecher in das Deckelloch einsetzen. Suppe **30 Sek./Stufe 8** pürieren. Nach Belieben mit etwas Kokosmilch, Salz und Pfeffer abschmecken und **5 Sek./Stufe 4** unterrühren. Evtl. nochmal etwas erwärmen. Suppe mit dem Kokos-Topping servieren.

Was ist Garam Masala?

Garam Masala ist eine indische Currymischung, Sie erhalten diese im Asialaden, oder im gut sortierten Biomarkt. Mit diesem Rezept können Sie die Garam Masala selbst herstellen:
10 Gewürznelken, 10 Pfefferkörner, 5 Kardamomkapseln, 1 EL Koriandersamen, 1 Zimtstange, ½ Muskatnuss (frisch gerieben), 1 TL Kreuzkümmel
Alles in den Mixtopf geben und **15 Sek./Stufe 9** zerkleinern. In einem Schraubglas hält sich das Aroma am besten.

Tipp. Schmeckt im Herbst/Winter auch sehr gut mit Kürbis!

- 4 -
Portionen

Ingwer-Pastinakensuppe
Mit Pastinakenstroh

Zutaten Pastinakenstroh:

1	Pastinake
3 EL	Olivenöl
1 Prise	Ingwerpulver
1 TL	Knoblauchpulver
½ TL	Kurkuma
etwas	Salz, Paprikapulver, Pfeffer

Zutaten Suppe:

10 g	Ingwer
100 g	Lauch
1 EL	Olivenöl
500 g	Pastinaken
1	Lorbeerblatt
1000 g	Gemüsebrühe
1 TL	Salz
¼ TL	Pfeffer
etwas	Muskat, gem.
1 Msp.	Cayennepfeffer
1 EL	Zitronensaft
½	Orange, Saft davon
200 g	Soja-Cuisine

Pro Portion (506 g):
285 kcal | 22 g KH | 4,5 g EW | 20 g Fett

Pastinakenstroh

1 Backofen auf 160°C Umluft vorheizen. Pastinake schälen und mit dem Julienneschneider soweit wie möglich in feine Streifen schneiden. Den Rest der Pastinake können Sie in Würfel schneiden und einfach zur Suppe geben.

2 Olivenöl und Gewürze in ein Schälchen geben und mit den Pastinakenjulienne vermischen. Anschließend auf ein mit Backpapier belegtes Backblech geben. Wenn die Suppe im Thermomix gekocht wird, Backblech in den Backofen geben und ca. 25 Min. backen.

Suppe

1 Ingwer schälen und in Stücken in den Mixtopf geben. **8 Sek./Stufe 5** zerkleinern. Lauch putzen und in groben Stücken zugeben, **5 Sek./Stufe 5** zerkleinern. Olivenöl zugeben, alles mit dem Spatel Richtung Topfboden schieben und **4 Min./120°C/Stufe 1 (TM31: Varoma)** dünsten.

2 Pastinaken schälen, in Stücke schneiden, in den Mixtopf füllen und **7 Sek./Stufe 5** hacken. Anschließend Lorbeerblatt, Gemüsebrühe, Gewürze zufügen und **20 Min./100°C/Stufe 1** kochen.

3 Das Lorbeerblatt entfernen, Soja-Cuisine und Zitronen- und Orangensaft dazugeben, Mixtopf verschließen, Messbecher einsetzen und **1 Min./Stufe 8** pürieren. Suppe ggf. mit etwas Salz abschmecken. Erst kurz vor dem Servieren das Pastinakenstroh auf die Suppe geben.

- 4 -
PORTIONEN

Tomatiges Gemüse-Dhal

ZUTATEN:

1	Zwiebel
2	Knoblauchzehen
1 EL	Olivenöl
250 g	Cherry-Tomaten
200 g	Champignons
½ TL	Koriandersamen, gem.
¼ TL	Kreuzkümmel, gem.
500 g	rote Linsen
200 g	Prinzessbohnen
¼ TL	Cayennepfeffer
1 TL	Garam Masala
1 TL	Salz
1 Bd.	Petersilie (o. Koriander)
100 g	Babyspinat

Pro Portion (484 g):
218 kcal | 31 g KH | 18 g EW | 2 g Fett

1 Zwiebel (halbiert) und Knoblauch im Mixtopf **5 Sek./Stufe 5** zerkleinern, Olivenöl zugeben und **2 Min./120°C/Stufe 1 (TM31: Varoma)** dünsten.

2 Cherry-Tomaten im Mixtopf **4 Sek./Stufe 5** mit Hilfe des Spatels zerkleinern. Koriandersamen und Kreuzkümmel zugeben und **4 Min./120°C/Stufe 1 (TM31: Varoma)** dünsten.

3 Linsen, Prinzessbohnen, ca. 3 cm lang geschnitten, Cayennepfeffer, Garam Masala, Salz und 450 g Wasser zufügen, **15 Min./100°C/ /Stufe 1** köcheln lassen. Währenddessen Petersilie waschen, trocknen und grob hacken, Spinat waschen und trocknen.

4 Einmal alles mit dem Spatel durchrühren, die Champignons (geputzt und geviertelt) zufügen und unterheben. In **8 Min./100°C/ /Stufe 1** fertig kochen. Abschmecken und kurz vor dem Servieren Petersilie und Spinat unterheben.

- 3 -
PORTIONEN

Kürbis-Kichererbsen-Curry

Zutaten:

1	rote Zwiebel
2	Knoblauchzehen
1 EL	Olivenöl
1	kl. Aubergine
220 g	Kürbis (o. Süßkartoffel)
½	rote Chili
350 g	Gemüsebrühe
500 g	Tomaten, grob gewürfelt
3	Lorbeerblätter
1 TL	Kreuzkümmel
1 Pr.	Cayennepfeffer
½ TL	Salz
1 TL	Ras-el-Hanout Gewürzmischung
800 g	Kichererbsen

zum Garnieren:
Petersilie oder Koriander

Pro Portion (448 g):
302 kcal | 41 g KH | 20 g EW | 6 g Fett

1 Zwiebel (halbiert) und Knoblauch im Mixtopf **5 Sek./Stufe 5** zerkleinern. Olivenöl dazugeben und alles mit dem Spatel Richtung Topfboden schieben und **4 Min./120°C/Stufe 1 (TM31: Varoma)** dünsten.

2 Aubergine in kleine Würfel schneiden und leicht salzen. In ein Sieb geben und etwas ziehen lassen. Kürbis in Würfel schneiden. Chili entkernen und fein hacken. Alles (außer Aubergine und Kichererbsen) in den Mixtopf geben und **15 Min./100°C/ /Stufe 1** einkochen.

3 Aubergine und Kichererbsen zugeben, mit dem Spatel unterrühren und **10 Min./100°C/ /Stufe 1** ohne eingesetzten Messbecher erhitzen, bis die Aubergine weich ist, dabei das Garkörbchen als Spritzschutz oben auf den Mixtopfdeckel stellen. Vor dem Servieren die Lorbeerblätter entfernen und abschmecken.

Wer möchte kann Reis oder, wie auf dem Bild, Hirse dazu essen.

- 4 -
Portionen

Chinakohlrouladen
mit Tomaten-Zucchini-Sauce & Kartoffeln

Zutaten:

8	Chinakohlblätter
1 Stück	Ingwer (walnussgroß)
200 g	Süßkartoffeln
1 Dose	Kidneybohnen (Abtr.gew. 250 g)
150 g	gekochter Quinoa, Reis o. Buchweizen
20 g	Erdnüsse, gehackt
1 EL	Zitronensaft
1 EL	Sojasauce
1 Msp.	Cayennepfeffer
1 TL	Salz
600 g	Kartoffeln

Pro Portion (606 g):
402 kcal | 56 g KH | 16 g EW | 12 g Fett

1 Die Chinakohlblätter vom Strunk ziehen, waschen und "hochkant" in den Varoma legen. 500 g Wasser in den Mixtopf füllen und **13 Min./Varoma/Stufe 1** dämpfen, danach den Mixtopf kurz auswaschen und trocknen.

2 Ingwer schälen, in den Mixtopf geben und **5 Sek./Stufe 6** zerkleinern. Süßkartoffeln schälen und in Stücken in den Mixtopf geben. **8 Sek./Stufe 5** zerkleinern. Alles vom Mixtopfrand mit dem Spatel Richtung Topfboden schieben. 50 g Wasser dazugeben und **10 Min./100°C/Stufe 1** kochen lassen.

3 Die Bohnen aus der Dose absieben, mit Quinoa und den restlichen Zutaten zu den Süßkartoffeln geben und **10 Sek./Stufe 6** vermengen, alles mit dem Spatel nach unten schieben und nochmal **10 Sek./Stufe 6** vermengen. Kräftig abschmecken, wenn Sie mögen auch mit etwas "Taco-Gewürz" von Seite 78.

4 Die Kohlblätter ausbreiten und einen großen Esslöffel von der Füllung daraufsetzen. An den Seiten einklappen, einrollen und vier Stück den Varoma legen. Einlegeboden einsetzen und die restlichen vier Rouladen dazugeben. Deckel daraufsetzen.

5 Die Kartoffeln schälen, in Stücke schneiden und in das Garkörbchen geben. Danach die Sauce zubereiten.

Tomaten-Zucchini-Sauce

- 4 - Portionen

Zutaten:

1	kl. Zwiebel
1	Knoblauchzehe
1 EL	Olivenöl
275 g	Zucchini
125 g	rote Paprika
1 Dose	Tomaten (400 g)
2 EL	braunes Mandelmus
1 TL	Salz

1 Zwiebel halbieren und mit der Knoblauchzehe in den Mixtopf geben. **5 Sek./Stufe 5** zerkleinern, Olivenöl zufügen und alles mit dem Spatel zum Topfboden schieben, **3 Min./120°C/Stufe 1** (**TM31: 3 Min./Varoma/Stufe 1**) dünsten.

2 Zucchini und Paprika in Stücken zugeben, **5 Sek./Stufe 5** zerkleinern. Tomaten hinzufügen. Garkörbchen mit den Kartoffeln einsetzen, Mixtopf verschließen, Varoma mit den Rouladen aufstellen und **30 Min./Varoma/Stufe 1** garen.

3 Varoma zur Seite stellen. Mandelmus und Salz zur Tomatensauce geben. Mixtopf verschließen, Meßbecher einsetzen und **20 Sek./Stufe 8** pürieren, ggf. abschmecken.

Curry Paste „SHENZEN"

ZUTATEN:

4 TL	Koriandersamen
4 TL	Kreuzkümmelsamen
120 g	Zwiebeln
120 g	Knoblauch
30 g	Ingwer (daumengroß)
8	Zitronengrasstangen
1 Bd.	Koriander
4	rote Chilischoten
2 EL	Limettenschale (Bio)
1 TL	Salz
8 EL	Erdnussmus

Pro Esslöffel:
39,5 Kcal | 3 g KH | 2 g EW | 2 g Fett

1 Koriander- und Kreuzkümmelsamen kurz ohne Fett in einer Pfanne anrösten und im Thermomix **20 Sek./Stufe 10** mahlen (oder im Mörser zerstoßen).

2 Zwiebeln halbieren. Knoblauch und Ingwer schälen und grob hacken. Vom Zitronengras den weißen Teil in Ringe schneiden. Korianderblätter grob hacken. Die Chilischoten entkernen und in Stücke schneiden. Limette heiß abwaschen und Schale abreiben. Alles zusammen mit dem Salz in den Mixtopf geben und **15 Sek./Stufe 6** pürieren.

3 Mit dem Spatel Richtung Mixtopfboden schieben, das Erdnussmus dazugeben und **5 Sek./Stufe 5** pürieren bis das Messer ins Leere läuft, dies 6-8x wiederholen bis eine homogene Masse entsteht.

Tipp. In einem fest verschraubbaren Glas hält sich die Paste ca. 14 Tage. Sie können auch für weitere Gerichte etwas von der Paste portionsweise einfrieren!
Von der Limette nur die äußere grüne Schicht abreiben - die weiße Schicht schmeckt bitter!

ca. **20** EL
= 10 x Curry

Tofu Curry „Shenzen"

Zutaten:

250 g Tofu (gefroren, 1 Std. vor der Zubereitung herausnehmen)

Marinade für Tofu:
- 2 EL Sojasauce
- 2 EL Currypaste „Shenzen" (s. Seite 58)
- 2 EL Kokosmilch

2 EL	Currypaste „Shenzen"
2 EL	Öl
100 g	Karotten
150 g	Staudensellerie
100 g	Lauch
150 g	grüne Bohnen
3	Zitronengrasstangen
400 g	Kokosmilch (Dose o. frisch zubereitet)
3	Kaffirlimettenblätter
50 g	Wasser
1 EL	Sojasauce
2 EL	Agavendicksaft
½ TL	Salz
50 g	Kokosflocken
5	Thai-Basilikumblätter

Pro Portion ohne Reis (443 g):
570 kcal | 22,5 g KH | 17 g EW | 46 g Fett

1 Tofu in Würfel schneiden, Marinade anrühren, und Tofu darin marinieren. Currypaste mit dem Öl in den Mixtopf geben und **8 Min./90°C/Stufe 2** anrösten, mit dem Spatel vom Topfboden etwas lösen. In der Zwischenzeit Karotten mit dem Julienneschneider in Streifen, Staudensellerie und Lauch in mundgerechte Stücke schneiden, grüne Bohnen putzen und Zitronengras weichklopfen.

2 400 g Kokosmilch, Kaffirlimettenblätter und Wasser, das vorbereitete Gemüse, Zitronengras, Sojasauce, Agavendicksaft und Salz dazugeben. **23 Min./100°C/ /Stufe 1** garen.

3 In der Zwischenzeit eine Pfanne erhitzen, Tofu aus der Marinade nehmen und anbraten. Thai-Basilikumblätter in Streifen schneiden. Tofu mit Curry vermengen und mit Thai-Basilikumblätter und Kokosflocken bestreut servieren. Servieren Sie dazu Reis.

Tipp. Wenn man den Tofu einfriert und auftaut nimmt er die Marinade besser auf!

- 3 -
PORTIONEN

Linsenbällchen
Mit Tomatensauce & Kurkuma-Reis

Zutaten:

200 g	Champignons
500 g	Blattspinat, aufgetaut, ausgedrückt
1 EL	Olivenöl
220 g	braune Linsen, vorgekocht
50 g	Amaranthpops
100 g	gem. Mandeln (o. Trester von Mandeldrink)
30 g	Sonnenblumenkerne
1 TL	Guarkernmehl
1 ½ TL	Salz
1 TL	Knoblauchpulver
1 gestr. TL	Paprikapulver, geräuchert
1 TL	ital. Gewürzmischung
etwas	Muskatnuss, gem.
190 g	Vollkornreis
1 TL	Gemüsebrühpulver
½ TL	Kurkuma

Pro Portion (512 g):
423 kcal | 51,4 g KH | 23 g EW | 13 g Fett

Die Linsen müssen zuerst vorgekocht werden!

1 Ofen auf 180°C Ober-/Unterhitze vorheizen.

2 Die geputzen Champignons in den Mixtopf füllen und **4 Sek./Stufe 5** zerkleinern. Spinat fest ausdrücken (es bleiben 220 g übrig), zu den Champignons geben und mit Olivenöl **5 Min./120°C/Stufe 2 (TM31: Varoma)** dünsten.

3 Von den Linsen 150 g abnehmen und mit den weiteren Zutaten sowie den Gewürzen in den Mixtopf geben und **30 Sek./Stufe 4** vermengen. Anschließend abschmecken. Restliche Linsen zugeben und **5 Sek./ /Stufe 1** unterrühren.

4 Die Masse 10 Min. quellen lassen, dann kleine Bällchen mit dem Eisportionierer herstellen. (Falls sie zu feucht sein sollte, um feste Bällchen zu formen geben Sie noch ein paar Amaranthpops dazu). Nach Belieben in Amaranthpops wälzen, und auf ein mit Backpapier ausgelegt Backblech geben.

5 Die Bällchen nun im vorgeheizten Ofen für ca. 25-30 Min. backen. Mixtopf spülen. Reis nach Packungsanleitung mit dem Brühpulver und dem Kurkuma auf dem Herd kochen.

Tipp. Linsenbällchen schmecken auch am nächsten Tag kalt gut – daher auch toll zum Mitnehmen für die Mittagspause!

Tomatensauce

Zutaten:

- 1 Zwiebel
- 1 Knoblauchzehe
- 1 EL Olivenöl
- 1 Karotte (150 g)
- 2 Dosen Tomaten (á 400 g)
- 1 TL Salz
- 1 TL Paprikapulver, edelsüß
- 1 EL ital. Kräuter
- etwas Pfeffer
- 1 gr. Handvoll Basilikumblätter

1 Zwiebel (halbiert) und Knoblauch in den Mixtopf geben und **5 Sek./Stufe 5** zerkleinern. Olivenöl hinzufügen und **3 Min./120°C/Stufe 1 (TM31: Varoma)** dünsten.

2 Karotte (in Stücken) hinzufügen und **5 Sek./Stufe 6** zerkleinern, mit dem Spatel Richtung Topfboden schieben und mit den Tomaten auffüllen. Salz, Pfeffer und die Gewürze zufügen und **25 Min./Varoma/Stufe 2** garen.

3 Basilikumblätter in die Tomatensauce geben. Mixtopf verschließen und **15 Sek./Stufe 7** pürieren.

- 4 - Portionen

Rustikaler Gemüsekuchen

Zutaten Teig:

350 g	Dinkelkörner
½ P.	Trockenhefe
200 g	Wasser
1 TL	Salz

Zutaten Füllung:

1 Stange	Lauch
1	kl. Zucchini
100 g	Champignons
2	Schalotten
3 EL	Olivenöl
250 g	Seidentofu
4 EL	Sojamehl
1 EL	Currypulver
½ TL	Salz
etwas	Pfeffer
etwas	Muskatnuss, gem.
2-3	Cocktailtomaten

nach Belieben Streukäse (s. Seite 13)

Pro Stück (110 g):
165 kcal | 21 g KH | 8 g EW | 5 g Fett

1 200 g Dinkelkörner in den Mixtopf einwiegen und **1 Min./Stufe 10** mahlen. Umfüllen. Mit den restlichen Dinkelkörner wiederholen. Dinkelmehl und restlichen Zutaten für den Teig zugeben und **2:30 Min./Teigstufe** kneten. In eine Schüssel zum Gehen umfüllen. Backofen auf 180°C Ober-/Unterhitze (Umluft 160°C) vorheizen, Mixtopf spülen.

2 Das Gemüse putzen, Lauch in schräge Scheiben schneiden, Zucchini in mundgerechte Stücke schneiden, die Champignons feinblättrig scheiden. Einen Teil des Lauchs und der Champignons in das Garkörbchen legen (dieses Gemüse soll später auf den Kuchen dekorativ daraufgelegt werden).

3 Schalotten in den Mixtopf geben und **5 Sek./Stufe 5** zerkleinern. 1 EL Olivenöl dazugeben, alles mit dem Spatel Richtung Boden schieben. Restliches Gemüse (außer Tomaten) dazu füllen, Garkörbchen einhängen und **7 Min./Varoma/Sanftrührstufe** dünsten.

4 Garkörbchen herausnehmen, das Gemüse aus dem Mixtopf umfüllen. Seidentofu, restliches Olivenöl, Sojamehl, Curry, Muskatnuss, Salz und Pfeffer in den Mixtopf geben und **30 Sek./Stufe 2** glattrühren. Gemüse wieder dazugeben und **4 Sek./ /Stufe 1** unterrühren, anschließend mit Curry kräftig abschmecken.

5 Eine Tarte- oder Kuchenform mit dem Teig auslegen, die Tofu-Füllung auf den Teig verteilen. Auf der Füllung nun den Lauch und die Champignons verteilen, Cocktailtomaten waschen, halbieren und mit der Schnittfläche nach oben in die Füllung drücken. Wer möchte kann noch etwas Streukäse darüber verteilen. Gemüsekuche ca. 40 Min. backen.

- 12 -
STÜCKE

Amaranthos
mit Blumenkohl-Tomaten-Gemüse

Avocado-Hummus:

2	Knoblauchzehen
1 Dose	Kichererbsen (Abtr.gew. 400 g)
1 EL	Olivenöl
75 g	Tahin (s. Seite 101)
½	kl. Avocado
3 EL	Zitronensaft
etwas	Salz
150 g	Wasser

Amaranthos (15 Stück):

180 g	rote Linsen
80 g	roher Amaranth
1	Kartoffel
10 g	Petersilie
1	Zwiebel (halbiert)
90 g	Semmelbrösel
nach Geschmack	schwarze Oliven
nach Geschmack	Salz und Pfeffer
½ TL	Ras-el-Hanout Gewürzmischung
2 EL	Rapsöl zum Braten

Pro Portion (490 g):
640 kcal | 73 g KH | 28 g EW | 25 g Fett

1 Knoblauchzehen in den Mixtopf geben und **5 Sek./Stufe 5** zerkleinern.

2 Alle weiteren Zutaten für den Avocado-Hummus (außer Wasser) in den Mixtopf geben und **25 Sek./Stufe 5** zu einer Creme pürieren. Zwischendurch mit dem Spatel nach unten schieben, Wasser nach und nach bis zur gewünschten Konsistenz dazugeben und pürieren.

1 Linsen, Amaranth und 500 g Wasser in den Mixtopf geben. Die Kartoffel schälen und in Stücke schneiden, in das Garkörbchen geben und einhängen, verschließen. **20 Min./ /Stufe 1** kochen. Anschließend Linsen und Amaranth in ein Sieb geben und das evtl. überschüssige Wasser absieben.

2 Alles wieder zurück in den Mixtopf geben. Restliche Zutaten für die Amaranthos hinzufügen und **25 Sek./Stufe 4** vermengen. Masse in eine Schüssel umfüllen und 10 Min. quellen lassen. Mixtopf gut spülen. Während der Quellzeit das Gemüse im Varoma kochen.

3 Aus der Masse mit leicht feuchten Händen Küchlein formen. Tipp: Falls die Masse zu weich ist, noch ein paar Semmelbrösel zufügen. In einer beschichteten Pfanne ausbacken.

- 4 - PORTIONEN

Was ist Amaranth?

Wie Quinoa kannten auch schon die Inkas den Amaranth und bezeichneten diesen als Wunderkorn. Amaranth ist ebenfalls ein sogenanntes "Pseudogetreide" und glutenfrei - somit geeignet für die besondere Ernährung bei Zöliakie und Weizensensitivität.
Auch in Amaranth steckt besonders viel Eiweiß, Calcium, sowie Magnesium und Eisen - ein weiterer optimaler Weg bei einer veganen Ernährung diese wichtigen Nährstoffe aufzunehmen!

Blumenkohl-Tomaten-Gemüse

Zutaten:

- 1 Handvoll Petersilie
- 1 Knoblauchzehe
- 2 EL Balsamicoessig, weiß
- 2 EL Olivenöl
- etwas Salz & Pfeffer
- 300 g Blumenkohl
- 250 g Cocktailtomaten

1 Petersilie und Knoblauch in den Mixtopf geben und **5 Sek./Stufe 6** zerkleinern evtl. nochmal mit dem Spatel Richtung Topfboden schieben und wiederholen. Olivenöl, Essig, Salz und Pfeffer zufügen und zu einem Dressing **4 Sek./Stufe 3** verrühren. Umfüllen. Mixtopf mit Wasser ausschwenken.

2 700 g Wasser in den Mixtopf füllen, Blumenkohl (in Röschen) in den Varoma geben und **20 Min./Varoma/Stufe 1** garen. Tomaten zugeben und weitere **5 Min./Varoma/Stufe 1** einstellen. Das Gemüse in eine Schale geben und mit dem angerührten Dressing vermengen.

Okara Küchle

Zutaten:

3 EL	Sojamehl
1	kl. Zwiebel
1 Handvoll Petersilie	
80 g	Karotten, in Stücken
5	getr. Tomaten in Öl, klein geschnitten
170 g	Okara

(Rückstand aus der Herstellung des Sojadrinks oder Tofuherstellung)

100 g	Buchweizen, Reis o. Hirse, gekocht
2 EL	Hefeflocken
1 TL	Salz
½ TL	Paprikapulver, edelsüß Pfeffer nach Geschmack
1 TL	Kräuter der Provence
4 EL	Olivenöl zum Ausbacken

Pro Portion (50 g):
82 kcal | 4 g KH | 4 g EW | 5 g Fett

1 Sojamehl mit 6 EL Wasser verrühren und quellen lassen (dies dient als Ei-Ersatz).

2 Zwiebel halbieren, Petersilie waschen und trocken schütteln. Beides in den Mixtopf geben und **5 Sek./Stufe 5** zerkleinern. Karotten und getrocknete Tomaten dazugeben und **6 Sek./Stufe 5** zerkleinern.

3 Nun die restlichen Zutaten einschließlich des gequollenen Sojamehls in den Mixtopf geben und **4 Sek./Stufe 4** vermengen bis die Konsistenz so ist, dass Küchle geformt werden können.

4 Vorsichtig in einer Pfanne herausbacken. Dazu schmeckt ein Salat, oder Sie machen mit einem Brötchen einen leckeren Burger daraus!

Tipp. Okara ist der feste Rückstand der bei der Zubereitung des Sojadrinks (Seite 12) übrig bleibt und mit diesem Rezept zu leckeren Küchle verarbeitet wird. Wenn Sie Hirse, Buchweizen oder Reis vom Vortag übrig haben, können Sie mit diesem Rezept verwerten.

- 12 -
KÜCHLE

Seitan al pesto pomodoro
mit Zucchini-Hirse

Zutaten Pesto:

100 g	getr. Tomaten, in Öl eingelegt
1 Zweig	Rosmarinnadeln
20 g	Öl von den Tomaten
20 g	Olivenöl
1 EL	Kapern
200 g	Seitan (siehe Seite 20)

Zutaten Zucchini-Hirse:

1	Zwiebel
2	Knoblauchzehen
1 EL	Olivenöl
150 g	Zucchini
150 g	Champignons
300 g	Hirse
1 TL	Gemüsebrühpulver
1 TL	ital. Kräutermischung
etwas	Salz & Pfeffer
etwas	Paprikapulver, edelsüß

Pro Portion (569 g):
763 kcal | 66,5 g KH | 49 g EW | 33 g Fett

1 Getr. Tomaten, Rosmarinnadeln und Öl in den Mixtopf füllen und **6 Sek./Stufe 7** zerkleinern. Mit dem Spatel alles Richtung Topfboden schieben. Olivenöl und Kapern zugeben und erneut **6 Sek./Stufe 7** zerkleinern. Tomatenpaste umfüllen. (Der Mixtopf muss nicht gespült werden.)

2 Zwiebel halbieren und mit den Knoblauchzehen im Mixtopf **5 Sek./Stufe 5** zerkleinern, 1 EL Öl dazugeben und **3 Min./Varoma/Stufe 1** dünsten. In eine große Schüssel geben. Mixtopf spülen.

3 Zucchini und Champignons in mundgerechte Scheiben schneiden und in den Varoma geben. 500 g Wasser in den Mixtopf geben. Varoma aufsetzen und **20 Min./120°C/Stufe 1 (TM31: Varoma)** garen. In der Zwischenzeit Hirse nach Packungsanweisung in kochendem Wasser mit Gemüsebrühpulver und ital. Kräutermischung garen. Nach Garzeitende Gemüse, Hirse, Salz, Pfeffer, und Paprikapulver in die Schüssel zum Zwiebel-Knoblauch-Gemisch geben, gut vermengen und kräftig abschmecken.

4 Eine Pfanne erhitzen, den Seitan in Scheiben schneiden. 1 EL Öl in die Pfanne geben und den Seitan von beiden Seiten anbraten. Die Pfanne von der Herdplatte nehmen, Tomatenpaste zugeben und mit dem gebratenen Seitan vermischen. Alles zusammen servieren.

- 2 -
PORTIONEN

Italienische Würstchen
mit Paprika-Tomaten-Sugo

Beachten Sie, dass die Bohnen 12 Std. quellen und gekocht werden müssen, bevor Sie die Wurst zubereiten.

Zutaten Gewürzmischung:

1 ½ TL	Knoblauchpulver
1 ½ TL	Fenchelsamen, frisch gem.
1/2 TL	Pfeffer
1 TL	Räuchersalz
1,5 TL	Paprikapulver, edelsüß
1,5 TL	Paprikapulver, geräuchert
¼ TL	Cayenne Pfeffer (nach Geschmack)
1 geh. TL	Oregano
½ TL	Gemüsebrühe

Zutaten Wurst:

1	kl. Zwiebel
1	Knoblauchzehe
90 g	Champignons
2 EL	Olivenöl
280 g	Pintobohnen, gekocht (Wachtelbohnen)
1 TL	Tomatenmark
10 g	Hefeflocken
50 g	Reismehl
3 TL	Sojasauce
1 TL	Agar-Agar

Pro Portion (300 g):
282 kcal | 27 g KH | 12 g EW | 14 g Fett

1 Alle Gewürze für die Gewürzmischung vermengen. Zwiebel halbieren und mit dem Knoblauch **5 Sek./Stufe 5** zerkleinern, geputzte Champignons einfüllen und nochmal **5 Sek./Stufe 5** einstellen. Mit dem Spatel alles Richtung Topfboden schieben, Olivenöl zugeben und **5 Min./120°C/Stufe 1 (TM31: Varoma)** dünsten, anschließend etwas abkühlen lassen.

2 Nun die gegarten Pintobohnen hinzufügen und **10 Sek./Stufe 4** mixen. Die restlichen Zutaten für die Wurst (außer Agar-Agar) sowie die Gewürzmischung zufügen, **15 Sek./Stufe 4** vermischen. Alles vom Topfrand mit dem Spatel Richtung Topfboden schieben und wiederholen. Agar-Agar einfüllen und **30 Sek./Stufe 3** verrühren.

3 Die Masse vierteln und jedes Teil auf eine ausreichend große Frischhaltefolie geben, diese wurstartig rollen und in den Varoma legen, 1 Liter Wasser in den Mixtopf füllen und **30 Min./Varoma/Stufe 1** dämpfen.

4 Anschließend auskühlen lassen und für einige Stunden oder am besten über Nacht in den Kühlschrank legen. Am nächsten Tag die Wurst aus der Folie nehmen und in einer Pfanne mit 1-2 EL Öl anbraten.

Tipp. Falls Sie keine Zeit haben die Bohnen vorzukochen können Sie auch Cannelinibohnen oder Weiße Bohnen aus der Konservendose verwenden. Die Wurst eignet sich perfekt zum Grillen!

- 4 - Portionen

Was sind Pinto- oder Wachtelbohnen?

Diese Bohnen werden hauptsächlich in Mexico verwendet. Wachtelbohnen heißen Sie bei uns, weil Sie ungekocht aussehen wie die Schalen von Wachteleiern. Diese Farbgebung verliert sich allerdings während des Kochens. Pintobohnen kann man bei uns getrocknet in Bioläden oder im Asialaden bekommen. Vor dem Kochen sollten Sie ca. 12 Stunden bzw. über Nacht in viel Wasser gequollen sein. Anschließend nach Packungsanleitung ca. 1 Stunde garen, bis Sie weich sind.

Tipp.
Als Beilage schmeckt z.B. Rosmarin-Polenta!

Paprika-Tomaten-Sugo

Zutaten:

1	Zwiebel
2 EL	Olivenöl
300 g	rote und gelbe Paprika
150 g	Zucchini
40 g	Tomatenmark
100 g	Wasser
½ TL	Salz
etwas	Pfeffer
2 EL	Balsamicoessig, dunkel
½ TL	ital. Kräutermischung
¼ TL	Paprikapulver, geräuchert

1 Zwiebel halbieren und im Mixtopf **5 Sek./Stufe 5** zerkleinern. Mit dem Spatel Richtung Topfboden schieben, Olivenöl dazugeben und **3 Min./120°C/Stufe 2 (TM31: Varoma)** dünsten.

2 Die Paprikas und Zucchini würfeln, die Hälfte davon in den Mixtopf, die andere Hälfte in das Garkörbchen füllen.

3 Die restlichen Zutaten für die Salsa zufügen und **15 Min./100°C/ /Stufe 1** einstellen, dabei den Messbecher einsetzen.

4 Nach Ablauf der Zeit, Garkörbchen herausnehmen. Mixtopfinhalt **10 Sek./Stufe 5** pürieren. Garkörbcheninhalt dazugeben und **3 Sek./ /Stufe 2** unterrühren.

Käsiger Makkaroni Auflauf

Zutaten:

500 g	Makkaroni
1	gr. Zucchini
1	Karotte, in Streifen
etwas	Öl (für die Springform)

Käsesoße:

300 g	Kartoffeln
240 g	Karotten
80 g	Lauch
450 g	Wasser
150 g	Cashewkerne
2	Knoblauchzehen
1 ½ TL	Senf
70 g	vegane Margarine
1 ½ EL	Hefeflocken
1 TL	Zitronensaft
2 TL	Salz
etwas	Pfeffer, Cayennepfeffer

Pro Portion (513 g):
648 kcal | 89 g KH | 21 g EW | 23 g Fett

1 Für die Soße Kartoffeln und Karotten schälen und in Stücken in den Mixtopf geben. Lauch putzen und dazugeben. Alles **4 Sek./Stufe 4** zerkleinern und mit dem Spatel Richtung Topfboden schieben. Mit Wasser auffüllen und **12 Min./Varoma/Stufe 1** kochen, anschließend abschmecken.

2 In der Zwischenzeit die Makkaroni nach Packungsanleitung kochen, eine Springform einfetten, Backofen auf 180°C Ober-/Unterhitze (Umluft 160°C) vorheizen.

3 Cashewkerne zu dem gekochten Gemüse im Mixtopf geben und **15 Sek./Stufe 9** pürieren. Restliche Zutaten für die Soße hinzufügen, alles nochmal **30 Sek./Stufe 7** pürieren und abschmecken.

4 Die Zucchini und Karotte mit dem Gemüsenudelschneider in Nudeln schneiden oder mit dem Julienneschneider in feine Streifen hobeln.

5 Die Nudeln und Gemüsestreifen in die Springform geben, und Lage für Lage mit der Sauce übergießen. Weiter so verfahren, bis alle Zutaten aufgebraucht sind. Den Auflauf für ca. 35 Min. in den vorgeheizten Ofen stellen. Dazu schmeckt ein bunter Salat.

- 6 -
Portionen

Gemüselasagne

Zutaten:

2	Auberginen
2	Zucchini
2 EL	Olivenöl

Zutaten Soße:

1	rote Zwiebel
3	Knoblauchzehen
1 EL	Olivenöl
1	gelbe Paprika
1 Dose	Tomaten (400 g)
150 g	grobe Soja-Schnetzel
1 EL	Tomatenmark
1 TL	Paprikapulver, geräuchert
1,5 TL	Minze, getr.
2 TL	Kreuzkümmel, gem.
100 g	Wasser
2 EL	Sojasauce
1 TL	Salz

Zutaten Käsesoße:

450 g	Sojadrink
3 EL	Hefeflocken
1 EL	Olivenöl
½ TL	Knoblauchpulver
1 TL	Salz
10 g	vegane Margarine
½ TL	Kurkuma
1 TL	Gemüsebrühpulver
3 TL	Johannisbrotkernmehl

Zum Belegen: getrocknete Tomaten

Gemüse für Lasagne

1 Ofen auf 160°C Umluft vorheizen. Auberginen und Zucchini in ca. 1 cm dicke Scheiben schneiden, auf zwei mit Backpapier ausgelegte Bleche geben, mit Olivenöl bepinseln und ca. 25 Min. in den vorgeheizten Ofen geben. Währenddessen die Soßen zubereiten.

2 Herausnehmen und den Ofen auf 180°C Ober-/Unterhitze hochstellen.

Soße

1 Zwiebeln halbieren, mit dem Knoblauch in den Mixtopf geben und **5 Sek./Stufe 5** hacken. Olivenöl einfüllen, alles mit dem Spatel Richtung Topfboden schieben und **3 Min./120°C/Stufe 2 (TM31: Varoma)** dünsten.

2 Paprika in mundgerechten Stücke schneiden und mit den restlichen Zutaten in den Mixtopf geben, **20 Min./100°C/ /Stufe 1** kochen. Danach umfüllen und den Mixtopf spülen.

Käsesoße

1 Alle Zutaten für die Soße (außer Johannisbrotkernmehl) in den Mixtopf füllen und auf **Stufe 5** stellen. Mit einem Sieb das Johannisbrotkernmehl einrieseln lassen und dann **4 Sek./Stufe 3** vermengen.

2 Anschließend **5 Min./100°C/Stufe 1** köcheln lassen, bis die Soße eingedickt ist.

Pro Portion (537 g):
387 kcal | 22 g KH | 30 g EW | 20 g Fett

- 4 - Portionen

Fertigstellung

1 1-2 Zucchinischeiben zum Belegen zu Seite stellen. Eine Auflaufform leicht einfetten, Auberginenscheiben hineinlegen und die Hälfte der Tomatensoße darauf verteilen. Nun die halbe Menge Käsesoße darauf geben und mit Zucchini- und Auberginenscheiben abdecken. Soßen wie vorher hineingeben, mit den restlichen Gemüsestreifen (außer 1-2 zum Belegen) abdecken.

2 Mit den zur Seite gestellten Zucchinischeiben und den getrockneten Tomaten belegen. Im vorgeheizten Backofen ca. 40 Min. backen. Ein Salat rundet die Mahlzeit ab.

Tacos Veganos

Zutaten Sauce:

375 g	heißes Wasser
1 TL	Gemüsebrühpulver
25 g	Sojasauce
100 g	feine Soja-Schnetzel
1	kl. Zwiebel
1 EL	Olivenöl
1	rote Paprika
1	grüne Paprika
70 g	passierte Tomaten
1 kl. Dose	Mais (140 g Abtr.gew.)
130 g	Rote Beete, vorgegart
1 TL	Salz
1 EL	Taco-Gewürzmischung (siehe rechts)
4 EL	Ajvar

Zum Befüllen:

2	Tomaten
1	kl. rote Zwiebel, in Streifen geschnitten
ein paar	Salatblätter (z.B. Eisbergsalat)
12	Taco-Shells

Pro Portion (492 g):
553 kcal | 49 g KH | 26 g EW | 26 g Fett

1 Wasser, Gemüsebrühpulver, Sojasauce und Soja-Schnetzel in einer Schüssel verrühren und 5 Min. marinieren lassen. Masse in das Garkörbchen geben und die restliche Flüssigkeit abtropfen lassen.

2 Zwiebel halbieren und in den Mixtopf geben **5 Sek./Stufe 5** hacken, alles mit dem Spatel Richtung Topfboden schieben, Olivenöl dazugeben und **3 Min./120°C/Stufe 1 (TM31: Varoma)** dünsten.

3 Die Paprikas putzen und in Stücke schneiden, in den Mixtopf geben und **7 Sek./Stufe 4** zerkleinern, **5 Min./100°C/ /Stufe 1** kochen.

4 Passierte Tomaten, Mais, Rote Beete in kleinen Würfeln, Salz und die Taco-Gewürzmischung einfüllen. Das Garkörbchen mit den Soja-Schnetzeln einhängen und weitere **5 Min./100°C/Stufe 1** garen. In der Zwischenzeit die Tomaten für die Füllung waschen und in kleine Würfel schneiden. Zwiebel und Salatblätter in Streifen schneiden.

5 Sojaschnetzel aus dem Garkörbchen und Ajvar zur Sauce geben und mit **5 Sek./ /Stufe 4** unterrühren. Mit Salz, Pfeffer und evtl. der Taco-Gewürzmischung nachwürzen. Zur Fertigstellung die Tacoshells mit Sojafüllung, Tomaten, Zwiebelstreifen und Salat befüllen und servieren.

Tipp. Wenn Sie noch Ajvar haben, können Sie die Tacos auch damit bestreichen und dann befüllen. Wer kcal sparen möchte, oder keine Taco Shells bekommt, kann die Füllung auch in ein Eisberg- oder Romanosalat gefüllt essen, dann wird das Gericht zu einem "Low Carb"-Figurenschmeichler.

- 3 - Portionen

Taco Gewürzmischung

- 1 EL Cayennepfeffer
- 3 TL Paprikapulver
- 2 TL Kreuzkümmel, gem.
- 1 TL Koblauchpulver
- 1 TL Zwiebelpulver

Tempeh Spieße
mit Erdnusssauce

Zutaten Spieße:

1 P.	Tempeh (200 g)

Für die Marinade:
10 g	Ingwer
2	Knoblauchzehen
4 EL	Kokosmilch
4 EL	Sojasauce
2	Pimentkörner
1 TL	Koriandersamen, gem.
2 EL	Raps- oder Kokosöl zum Braten
1	Zucchini
1	rote Paprika

Zutaten Erdnusssauce:

200 g	Erdnüsse (ungesalzen, geröstet)
1	Chilischote
1 EL	grüne Chilipaste (z.B. von Sanchon)
200 g	Kokosmilch
150 g	Mandeldrink
½	Limette, Saft davon
1 EL	Sojasauce
¼ TL	Koriandersamen, gem.
1 Handvoll	Korianderkraut
½ TL	Salz

1 Ingwer und Knoblauch schälen in den Mixtopf geben und **7 Sek./Stufe 5** zerkleinern. Restliche Zutaten für die Marinade hinzufügen und **3 Sek./ /Stufe 2** unterrühren. Die Marinade in einen Frischhaltebeutel füllen.

2 Den Tempeh in dünne Würfel schneiden (nicht zu dünn, da der Tempeh sonst bricht) und zur Marinade geben. Mind. 2 Std. (besser über Nacht) marinieren lassen.

3 Zucchini und Paprika in kleine Stücke schneiden. Tempeh aus der Marinade nehmen und im Wechsel mit dem Gemüse auf die Spieße stecken. Restliches Gemüse in das Garkörbchen geben.

4 Erdnüsse und Chilischote in Stücken in den Mixtopf geben und **15 Sek./Stufe 8** mahlen. Chilipaste, Kokosmilch und Mandeldrink dazugeben. Garkörbchen einsetzen und die Sauce **15 Min./100°C/Stufe 3** erhitzen. In der Zwischenzeit Tempehspieße in einer Pfanne ca. 5 Min. von beiden Seiten anbraten.

5 Limettensaft, Sojasauce, Koriandersamen und Salz zur Sauce geben, **15 Sek./Stufe 5** vermengen und nochmal abschmecken. Die Spieße gemeinsam mit der Erdnusssauce, dem Gemüse und fein gehackten Korianderkraut bestreut anrichten. Dazu schmeckt Reis.

Pro Portion (548 g):
588 kcal | 16 g KH | 29 g EW | 46 g Fett

- 3 -
Portionen

Chia Schokopudding
mit Granatapfel-Sauce

Chia-Schokopudding:

3 EL	Chia-Samen
180 g	Mandeldrink
1 EL	Agavendicksaft
1 EL	Mandelmus
1 TL	Kakao
1 Pr.	Salz

Zum Garnieren:
2 TL   gehackte Mandeln, geröstet

Granatapfelsauce:

1	Granatapfel
100 g	Orangensaft
1	Orange
¼ TL	Vanille-Extrakt
1 TL	Guarkernmehl

Pro Portion (ca. 300 g):
272 kcal | 27 g KH | 8 g EW | 14 g Fett

1 Die Zutaten für den Pudding in den Mixtopf füllen und **5 Sek./Stufe 5** mixen, danach umfüllen und 2 Std. quellen lassen.

2 Den Granatapfel halbieren und eine Hälfte auspressen, zusammen mit dem Orangensaft in den Mixtopf geben. Die andere Granatapfelhälfte entkernen und die Orange filetieren, für die Garnitur zur Seite legen.

3 Vanille-Extrakt zu den Säften in den Mixtopf geben. **Stufe 3** einstellen und das Guarkernmehl einrieseln lassen.

4 Chia-Schokopudding mit den gehackten Mandeln bestreuen und mit den Orangenfilets und der Granatapfel-Sauce anrichten.

- 12 -
Portionen

Avocado Frozen Joghurt
mit Mango-Chili-Spaghetti

Zutaten Frozen Joghurt:

240 g	reife Avocado
300 g	reife Banane
350 g	Sojajoghurt
100 g	Sojadrink
½ TL	Vanille-Extrakt
1 Pr.	Salz
40 g	Agavendicksaft (mehr nach Geschmack)

Zutaten Spaghetti:

1	reife Mango
2	rote Chilischoten
½	Zitrone, Saft davon
½	Orange, Saft davon
1 EL	Rapsöl, nativ

Avocado Frozen Joghurt

1 Das Avocadofruchtfleisch und die Banane in Stücken in den Mixtopf geben, **7 Sek./Stufe 5** zerkleinern.

2 Alle weiteren Zutaten für den Frozen Joghurt hinzufügen und **10 Sek./Stufe 6** vermischen, nach Geschmack nachsüßen. Es sollte eher etwas zu süß sein, da durch das Tiefkühlen etwas an Süße verloren geht.

3 Masse in Eiswürfelbehälter abfüllen und im Gefrierfach am besten über Nacht gefrieren lassen. Vor dem servieren 5 Min. temperieren lassen und im Thermomix **10 Sek./Stufe 7** cremig aufschlagen.

Mango Chili Spaghetti

1 Mango längs halbieren, Kern entfernen. Das Fruchtfleisch mit einem Hobel in feine Streifen schneiden. Die Schale abtrennen und das Fruchtfleisch in dünne, spaghettiartige Streifen schneiden. Chilis halbieren und die Kerne entfernen. Die Schoten unter lauwarmes Wasser halten - dann werden sie etwas milder. Ebenfalls in Streifen schneiden und unter die Mangospaghetti mischen. Zitronen- und Orangensaft mit dem Öl vermischen und über die Spaghetti geben. Auf die Mangospaghetti den Avocado-Frozen-Joghurt setzen und servieren.

Pro Portion (350 g):
397 kcal | 36 g KH | 7 g EW | 13 g Fett

Was ist Vanille Extrakt?

Es ist ein Auszug aus der reinen Vanilleschote auf Alkoholbasis. Mit viel Zeit, aber wenig Aufwand kann man Vanilleextrakt auch einfach selbst herstellen:
200 ml Wodka, 5 Vanilleschoten und eine dunkle Flasche. Vanilleschoten der Länge nach aufschneiden, etwas „aufdehnen", mit Wodka in die dunkle Flasche füllen und gut schütteln. An einem dunklen Ort reifen lassen und mehrmals wöchentlich schütteln. Nach ca. 6 Wochen kann man den Vanille-Extrakt verwenden, je länger der Extrakt reift umso intensiver wird der Geschmack.

- 4 -
Portionen

Reis-Mandel-Crunch

- **25 Stück**

Zutaten:

100 g	Mandelmus
120 g	Agavendicksaft
½ TL	Salz
¼ TL	Agar-Agar
85 g	Vollkorn-Puffreis

Pro Stück (12,2 g):
53 kcal | 7 g KH | 9 g EW | 2 g Fett

1 Eine eckige Kuchenform mit Backpapier auslegen.

2 Die Zutaten (außer den Vollkorn-Puffreis) in den Mixtopf geben und **10 Min./90°C/Stufe 2** verrühren. Ofen auf 160°C Ober-/Unterhitze vorheizen.

3 Vollkorn-Puffreis dazugeben und **40 Sek./ /Stufe 1-2** unterrühren, mit dem Spatel nachhelfen, dass alle Reispuffs mit der Mandelmasse verbunden sind.

4 Masse in die Kuchenform geben und ca. 5 Min. im Backofen backen. Abgekühlte Masse in Würfel schneiden und in einer Metalldose aufbewahren. Bis zu 2 Wochen haltbar.

– 20 – Stück

Kokoskugeln

Zutaten:

- 50 g Kakaobutter
- 15 g Amaranthpops
- 40 g Agavendicksaft
- ½ TL Vanillepulver
- 50 g Mandelmus

Pro Stück (ca. 10 g):
63 kcal | 3 g KH | 1 g EW | 6 g Fett

1 Kakaobutter in den Mixtopf geben und **5 Sek./Stufe 5** zerkleinern. Danach alles mit dem Spatel vom Topfrand Richtung Topfboden schieben und **4 Min./37°C/Stufe 2** schmelzen.

2 Alle weiteren Zutaten in den Mixtopf zugeben und **10 Sek./Stufe 5** vermengen. In eine Schüssel umfüllen und 10 Min. antrocknen lassen.

3 Die Masse zu kleinen Kugeln formen und in Kokosraspeln wälzen und aushärten lassen.

Tipp. Die können die Kugeln auch mit veganer Schokolade umhüllt werden. Dazu Schokolade schmelzen, Kugeln eintauchen und trocknen lassen.

Peanut Breaker

Zutaten:

100 g	Dinkelkörner
50 g	Erdnüsse
25 g	vegane Margarine
1 EL	Limettensaft
1 TL	Backpulver
1 TL	Vanillezucker
30 g	Erdnussmus
50 g	Sojadrink
30 g	Rohrohrzucker
2 EL	Agavendicksaft
50 g	vegane Schokostückchen (erhältlich im Bioladen)

Pro Portion (18,2 g):
50 kcal | 6 g KH | 1 g EW | 2 g Fett

Tipp. Falls Sie keine veganen Schokotropfen bekommen, schneiden Sie einfach eine vegane Schokolade in kleine Stückchen.

1 Den Backofen auf 200°C Ober-/Unterhitze (oder 180°C Umluft) vorheizen.

2 Dinkelkörner in den Mixtopf geben und **1 Min./Stufe 10** mahlen. Umfüllen. Erdnüsse hinzufügen und **10 Sek./Stufe 8** mahlen, zum Mehl geben.

3 Margarine in den Mixtopf geben und **3 Min./37°C/Stufe 2** schmelzen. Alle Zutaten (außer die Schokostückchen) dazugeben und **30 Sek./Stufe 3** vermischen.

4 30 Teighäufchen machen (am besten mit bemehlten Fingern, da der Teig sehr klebt) und jeweils ein paar Stückchen Schokolade eindrücken. Mit Keksmasse überdecken, sodass die Schokostückchen in der Mitte sind und zu Kugeln rollen. Sie können gerne weitere Schokostückchen eindrücken oder lassen die Kugeln blank.

5 Die Kugeln auf ein mit Backpapier ausgelegtes Backblech setzen und ca. 10 Min. backen.

- **30** -
Stück

Saftige Qui-Ba-Chi Muffins

Zutaten:

80 g	Dinkelkörner
90 g	vegane Margarine
200 g	reife Banane (ca. 2 kleine)
70 g	Rohrohrzucker
1 TL	Vanille-Extrakt
35 g	Chia-Samen
120 g	Quinoaflocken
500 g	Sojadrink
1 TL	Zimt
1 Prise	Salz
100 g	Dinkelmehl, Type 630
1 P.	Backpulver

Pro Muffin:
200 kcal | 25 g KH | 6 g EW | 8 g Fett

1 Den Backofen auf 200°C Ober-/Unterhitze (oder 180°C Umluft) vorheizen.

2 Dinkelkörner in den Mixtopf geben und **40 Sek./Stufe 10** mahlen. Umfüllen.

3 Margarine in den Mixtopf geben und **3 Min./37°C/Stufe 2** schmelzen. Dann Banane in Stücken, Zucker, Vanille-Extrakt dazugeben und **20 Sek./Stufe 5** pürieren. Chia-Samen, Quinoaflocken und Sojadrink dazugeben, **15 Sek./Stufe 3** unterrühren und ca. 10 Min. quellen lassen.

4 Nun die restlichen Zutaten in den Mixtopf füllen und **15 Sek./Stufe 6** verrühren. Ein Muffinsblech mit Förmchen bestücken oder die Muffinmulden einfetten. Den Teig einfüllen und ca. 25 Min. backen. Stäbchenprobe machen.

- 12 -
Muffins

Käsekuchen

Zutaten Boden:

250 g	Dinkelkörner
100 g	vegane Margarine
2 TL	Backpulver
60 g	Agavendicksaft
1 TL	Johannisbrotkernmehl
ca. 40 g	Wasser

Zutaten Creme:

1000 g	Sojajoghurt, Vanille
200 g	vegane Margarine
80 g	Agavendicksaft
1 TL	Vanillepulver
2 EL	Süßlupinenmehl (o. Sojamehl)
60 g	Stärke
1 Pr.	Salz
etwas	Zitronenabrieb
etwas	vegane Margarine zum Einfetten der Form

Pro Stück (144 g):
330 kcal | 36 g KH | 7 g EW | 18 g Fett

AM VORABEND EIN SIEB MIT EINEM PASSIERTUCH AUSLEGEN UND IN EIN GROSSES GEFÄSS GEBEN. SOJAJOGHURT HINEINFÜLLEN UND ÜBER NACHT ABTROPFEN LASSEN.

Kuchenboden

1 Den Backofen auf 160°C Ober-/Unterhitze vorheizen. Eine Springform mit Margarine einfetten.

2 Dinkelkörner in den Mixtopf geben und **45 Sek./Stufe 10** mahlen. Umfüllen. Margarine **3 Min./37°C/Stufe 3** schmelzen, dann alle weiteren Zutaten für den Boden in den Mixtopf geben und **1 Min./Teigstufe** kneten, sollte er zu bröselig sein, noch etwas Wasser zugeben.

3 Den Boden und ca. 4 cm Rand einer Springform mit dem Teig auskleiden. Mixtopf spülen.

Creme

1 Margarine in den Mixtopf geben und **3 Min./37°C/Stufe 1** schmelzen. Alle weiteren Zutaten zugeben und **45 Sek./Stufe 4** verrühren. Mit etwas Zitronenabrieb abschmecken, und nach Geschmack nachsüßen.

2 Füllung in die vorbereitete Springform füllen und ca. 60 Min. backen.

12 Stücke

Zutatenübersicht

Agar-Agar

Agar-Agar ist ein rein pflanzliches Bindemittel und wird aus Algen gewonnen. Es ist sehr ergiebig und so geliert ein halber Teelöffel so gut wie 4 Blatt Gelatine. Jedoch sollte man einen Unterschied kennen: Es gibt reines Agar-Agar, welches in diesem Buch zum Einsatz gekommen ist und Agartine. Bei diesen Produkten handelt es sich sozusagen um die „verdünnte" Form, Sie sollten besser das reine Produkt aus dem Biomarkt verwenden.

Agavendicksaft

Dieser wird gewonnen, wenn Saft der Agavenblätter so lange gekocht wird, bis er zähflüssig ist. Der fertige Agavendicksaft ist etwas süßer als der Haushaltszucker und besteht zu 100% aus Fuchtzucker. Wirklich gesünder als Haushaltszucker ist er jedoch nicht, daher sollten Sie Agavendicksaft auch sparsam verwenden!

Meist ist er in einer Spenderflasche in der Bioabteilung des Supermarktes, Drogeriemarktes oder Biomarktes erhältlich.

Amaranth/-pops

Wie Quinoa kannten auch schon die Inkas den Amaranth und bezeichneten diesen als Wunderkorn. Amaranth ist ebenfalls ein sogenanntes „Pseudogetreide" und glutenfrei - somit geeignet für die besondere Ernährung bei Zöliakie und Weizensensitivität. Auch in Amaranth steckt besonders viel Eiweiß, Kalzium sowie Magnesium und Eisen - ein weiterer optimaler Weg, bei einer veganen Ernährung diese wichtigen Nährstoffe aufzunehmen! Amaranthpops werden so hergestellt wie Popkorn - sie werden erhitzt und fertig sind die Amaranthpops. So können Sie diese auch zu Hause herstellen!

Amaranthpops erhalten Sie in der Bioecke im gut sortierten Supermarkt, im Bioladen aber auch im Internet.

Braunhirse

Braunhirse ist die Wildform der Hirse, sie enthält kein Gluten und hat einen hohen Mineralstoffgehalt von Magnesium, Zink und Eisen. Erhältlich im Bioladen, Reformhaus oder Internet.

Buchweizen

Buchweizen hat trotz des Namens nichts mit Weizen zu tun. Es ist ein Knöterichgewächs - also auch gar kein Getreide, sondern ein „Pseudogetreide". Er wird z.B. in der russischen Küche viel verwendet. Buchweizen ist glutenfrei und hat einen sehr leckeren, würzigen Geschmack. Seine Form erinnert etwas an Bucheckern - nur sind die Samen deutlich kleiner! Erhältlich ist Buchweizen als Mehl oder Korn im gut sortierten Supermarkt, Drogeriemarkt mit Bioecke, Biomarkt, Reformhaus oder im Internethandel.

Chia-Samen

Ist ein sehr nährstoffreiches „Superfood". Es beinhaltet viele Ballaststoffe, Eiweiß, Kalzium und auch Omega3-Fettsäuren. Chiasamen nehmen sehr viel Wasser auf und quellen stark auf. Man kann tolle Müslis oder Puddings damit zaubern. Inzwischen führen gut sortiere Supermärkte die kleinen Chiasamen. Sonst sind Sie im Bioladen, Reformhaus und im Internet erhältlich.

Edamame

Edamame sind unreif geerntete Sojabohnen. Sie sind ein toller Snack, schmecken buttrig-nussig und haben das gleiche Suchtpotenzial wie sonstiges Knabbergebäck. Allerdings haben Sie hiermit eine kalorienarme, proteinreiche Alternative! Nähere Infos finden Sie auf Seite 36.

Zutatenübersicht

Gemahlene Flohsamenschalen

Flohsamenschalen binden sehr viel Wasser und verleihen in diesem Buch z.B. dem Mozzarella di Noce eine wunderbare Konsistenz. Achten Sie darauf, Flohsamenschalen zu kaufen (NICHT Flohsamen), das sind unterschiedliche Lebensmittel. Falls Sie die Flohsamenschalen nicht gemahlen bekommen, können Sie diese im Thermomix ganz einfach ein paar Sekunden auf **Stufe 10** selbst mahlen. Sie erhalten Flohsamenschalen in gut sortierten Drogerien, Apotheken, im Reformhaus, Bioladen und im Internet.

Glutenpulver

Dieses Pulver verwenden wir in diesem Buch um den veganen Fleischersatz Seitan herzustellen. Es handelt sich hierbei um das reine Weizeneiweiß (auch Klebereiweiß). Gluten bindet in Teigen die Flüssigkeit und macht diese geschmeidig. Sie können Gluten auch selbst herstellen, indem Sie Weizenmehl mit Wasser zu einem Teig verkneten. Nun den Teig mit kaltem Wasser so lange auswaschen, bis das Wasser klar bleibt. Da es jedoch etwas unkomplizierter ist, das Glutenpulver zu verwenden, wurde für das im Buch befindliche Rezept darauf zurückgegriffen. Im Biomarkt können Sie es auch unter dem Namen „Seitan-Fix" erhalten, alternativ können Sie Glutenpulver im Internet bestellen.

Guarkernmehl

Guarkernmehl wird aus der Guarbohne gewonnen und findet als Bindemittel Verwendung. Vorteil ist, dass man sehr wenig benötigt und zudem Speisen auch kalt binden kann. Am besten mit einem feinen Sieb während der Thermomix rührt eingeben. Sie können Guarkernmehl im Biomarkt und im Internethandel bekommen.

Hefeflocken

Sie verleihen veganen „Käsesoßen" das gewisse Etwas. Zudem enthalten Sie sehr viel Vitamine der B-Gruppe, sodass es sich nicht rein um den Geschmack geht, sondern man führt auf diese Weise auch wertvolle Nährstoffe zu! Zu finden im Reformhaus, Bioladen und im Internethandel.

Johannisbrotkernmehl

Dies ist ein pflanzliches Bindemittel und wird aus den Samen des Johannisbrotbaumes gewonnen. Es ist ein beige-weißes Pulver und wird oft in glutenfreien Backwaren zur Bindung eingesetzt. Es sollte kalt angerührt, oder vor dem Kochen in die Speise eingestreut werden. Bestenfalls bei laufendem Messer, damit alles sofort untergerührt wird.
Johannisbrotkernmehl können Sie im gut sortierten Supermarkt, Drogeriemarkt mit Bioecke, Bioladen, Reformhaus oder im Internet kaufen.

Kaffirlimettenblätter

Hierbei handelt es sich um intensiv nach Zitrone duftende Blätter. Sie werden oft in der thailändischen Küche eingesetzt. Die Speisen erhalten durch diese Zutat eine leckere frische Note. Am besten erhältlich sind Sie in speziellen Gewürzläden, im Asiashop oder im Internet.

Kakaobutter

Kakaobutter entsteht durch das Pressen von gerösteten Kakaobohnen. Nachdem weitere Filtrier- und Pressvorgänge gemacht wurden, ist die Kakaobutter fertig. Erwärmt ist Kakaobutter zähflüssig und wird beim Erkalten fest. Sie ist einer der Hauptbestandteile von Schokolade und durch das zarte Schmelzen bei höheren Temperaturen ist es die Kakaobutter, die uns Schokolade so gut schmecken lässt.
Kaufen kann man Kakaobutter im Bioladen - Sie finden diese im Kühlregal.

Zutatenübersicht

Kokoswasser

Kokoswasser ist nicht das Gleiche wie Kokosmilch - es ist der Saft der grünen, unreifen Kokosnuss und ist geschmacklich nicht mit der Kokosmilch zu vergleichen. Kokoswasser schmeckt süß-säuerlich und ist insgesamt flüssiger als die Kokosmilch. Kokoswasser enthält viel Kalium, Calcium und Magnesium. Es ist mit Mineralwasser zu vergleichen.

Es ist im Biosupermarkt oder im Internet erhältlich.

Süßlupinenmehl

Süßlupinen gehören zur selben Pflanzengattung wie die Kichererbsen. Sie enthalten hochwertiges Eiweiß und sind daher für die vegane Ernährung sehr empfehlenswert. Süßlupinenmehl bindet Flüssigkeit in Gebäck oder Soßen und kann so im Austausch zu Sojamehl verwendet werden. In Süditalien kann man Süßlupinensamen in Gemüsegeschäften kaufen - Sie werden dort als leckerer Snack gegessen.

Süßlupinenmehl können Sie im Biomarkt, Reformhaus oder Internethandel erhalten

Nigari

Nigari ist ein Gerinnungsmittel welches für die Tofuherstellung verwendet wird. Traditionell wurde es früher aus Meerwasser gewonnen, erhältlich ist jedoch in unseren Breitengraden hauptsächlich Magnesiumchlorid.
Es ist ein weißes, kristallines Pulver, welches im Internethandel bestellt werden kann. Wenn Sie beabsichtigen den Tofu öfter selbst zu machen, können Sie sich auch ein Tofu-Set zulegen, um einen schönen, quadratischen Tofu herstellen zu können.

Okara

Das ist der Trester der bei der Sojadrink Herstellung (siehe Seite 12) entsteht.

Okara kann man nicht kaufen.

Pintobohnen

Diese Bohnen werden hauptsächlich in Mexico verwendet. Wachtelbohnen heißen Sie bei uns, weil Sie ungekocht aussehen wie die Schalen von Wachteleiern. Diese Farbgebung verliert sich allerdings während des Kochens. Pintobohnen kann man bei uns getrocknet in Bioläden oder im Asialaden bekommen. Vor dem Kochen sollten Sie ca. 12 Stunden bzw. über Nacht in viel Wasser gequollen sein. Anschließend nach Packungsanleitung ca. 1 Stunde garen, bis Sie weich sind. Pintobohnen können Sie im Asiashop, Bioladen sowie im Internet kaufen.

Tipp für das etwas aufwändige Kochen von Bohnen: Lassen Sie am Besten das gesamte Päckchen quellen und kochen Sie es. Anschließend können Sie die Bohnen die Sie nicht sofort benötigen Portionsweise einfrieren - so sparen Sie viel Zeit und Strom!

Probiotikum

„Pro" bedeutet „Für", „Biotika" heißt „Leben" - für das Leben ist somit hierfür die Übersetzung und es handelt sich um wichtige Mikroorganismen, die im Darm wertvolle Arbeit für die Verdauung übernehmen. Sie werden z.B. in probiotischen Joghurts beigemischt. In diesen Rezepten übernehmen Sie die Funktion, die bakterielle Fermentation für veganes Joghurt oder Frischkäse in Gang zu bringen. In den verwendeten Probiotika ist vegane Milchsäure - einzig bei den Kapseln könnte es sein, dass diese aus Gelatine bestehen (wie z.B. bei den Milchsäure-Kulturen „Das gesunde Plus" von dm-drogerie markt). Wenn Sie ablehnen ein solches Produkt zu kaufen, verwenden Sie die Symbioflor für die Herstellung.
Erhältlich sind die Produkte in Drogeriemärkten oder in der Apotheke.

Zutatenübersicht

Quinoa/-flocken

Quinoa ist ein sog. Pseudogetreide und wurde schon vor 6000 Jahren von den Inkas gegessen. Für Veganer ist dieses Korn sehr wertvoll, da es einen hohen Eiweißanteil hat. Quinoa enthält alle essentiellen (d.h. der Körper kann diese nicht selbst herstellen, Sie müssen über die Nahrung aufgenommen werden) Aminosäuren und zusätzlich auch Eisen und Calcium. Quinoa-Flocken werden vorgegart und dann wie Haferflocken gepresst und getrocknet.

Erhältlich sind diese im Bioladen oder Internethandel.

Ras-el-Hanout

Hierbei handelt es sich um eine Gewürzmischung. Sie heißt übersetzt „Chef des Ladens" und ist eine klassische Mischung mit marokkanischer Herkunft. Wie bei Curry gibt es auch von dieser Mischung unendlich viele Varianten - hier lohnt es sich, verschiedene auszuprobieren.

Erhältlich ist Ras-el-Hanout im gut sortierten Gewürzladen und im Internet.

Seidentofu

Seidentofu wird genau wie normaler Tofu aus Sojabohnen hergestellt, ist jedoch nicht so fest wie dieser. Das macht ihn zur optimalen Zutat für vegane Cremes oder wie in diesem Buch für einen herzhaften Brotaufstrich.

Den „Bohnenquark" finden Sie im Kühlregal des Biomarktes.

Sojabohnen

Sojabohnen werden für eine Vielzahl veganer Lebensmittel verwendet. So bestehen die unterschiedlichen Tofusorten, Tempeh, Sojadrink, Soja-Cuisine (die Alternative zu Sahne), Sojamehl, Soja-Schnetzel, Sojaöl und nicht zu vergessen die leckeren Edamame! Somit ist diese Hülsenfrucht wirklich sehr vielseitig einsetzbar! Kaufen kann man die Sojabohne im Biomarkt oder im Internethandel als getrocknete Hülsenfrucht - sie ist rund und gelb und muss zunächst für ein paar Stunden in Wasser quellen bevor Sie gekocht werden kann.

Soja-Schnetzel

Es handelt sich hierbei um einen Fleischersatz. Sojaschnetzel werden aus dem Presskuchen hergestellt, der bei der Sojaöl-Produktion übrig bleibt. Da die Schnetzel wenig Eigengeschmack haben, ist es wichtig, ihnen diesen zu geben. Sie sollten immer in etwas Brühe mit Gewürzen und/oder Sojasoße quellen. Es gibt unterschiedliche Größen, für unterschiedliche Verwendungen - in diesem Buch kommen feine sowie gröbere Sojaschnetzel zum Einsatz.

Sie erhalten Soja-Schnetzel im Biomarkt, Drogeriemarkt mit Bioecke, Reformhaus oder im Internet.

Tahin/Tahina

Hierbei handelt es sich um eine Paste aus Sesamsamen. Ursprünglich kommt Tahin aus dem Orient und verfeinert Gerichte mit einem Hauch von 1001 Nacht. In diesem Buch findet Tahin Verwendung beim Rezept s. 66 Avocado-Hummus. Der Geschmack ist nussig, etwas säuerlich aber auch leicht bitter - eine leckere Mischung.

Kaufen können Sie Tahin im gut sortierten Supermarkt in der Feinkostabteilung.

Zutatenübersicht

Tempeh

Hierbei handelt es sich um ein klassisches Produkt aus der veganen/vegetarischen Küche. Es ist ursprünglich aus Indonesien und besteht aus mit einem Edelpilz fermentierten Sojabohnen. In einer Marinade eingelegt und angebraten ist die häufigste Zubereitungsart. Am besten erhältlich im Kühlregal im Bioladen.

Vanille-Extrakt

Es ist ein Auszug aus der reinen Vanilleschote auf Alkoholbasis. Sie können Vanilleextrakt auch einfach selbst herstellen, siehe Seite 84. Kaufen können Sie Vanille-Extrakt im gut sortierten Gewürzhandel oder im Internet. Alternativ kann man auch Vanillepulver verwenden.

Wasabipaste

Bei Wasabi handelt es sich um eine Meerettich-Sorte aus Japan. Wasabi wird gerieben, getrocknet und zu Pulver gemahlen oder zu Paste verarbeitet. Seine besondere Schärfe macht den kulinarischen Reiz aus - daher sollte man Wasabi immer erstmal vorsichtig dosieren.
Wasabipaste erhalten Sie im Asiaregal des Supermarktes und natürlich im Asialaden.

Weinsteinbackpulver

Weinsteinbackpulver wird in diesem Buch nicht verwendet, da es nicht immer vegan ist. Weinstein entsteht auf natürlichem Weg bei der Weinproduktion an den Weinfässern. Da der Wein jedoch oft mit Gelatine geklärt wird, ist dieses meist nicht vegan. Wenn Sie für sich entscheiden, dass Sie trotzdem gerne das natürliche Weinsteinbackpulver verwenden möchten, können Sie dieses 1:1 austauschen.

PLATZ FÜR
Notizen

Weitere Bücher aus unserem Verlag:

LOW CARB

Kohlenhydratarmer Genuss
aus dem Thermomix.
ISBN: 978-3-943807-72-1
Preis: 17,90 €*

LEICHT & KÖSTLICH
Band 1

Leicht genießen mit
dem Thermomix.
ISBN: 978-3-943807-16-5
Preis: 17,90 €*

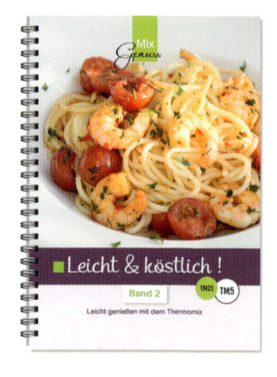

LEICHT & KÖSTLICH
Band 2

Leicht genießen mit
dem Thermomix.
ISBN: 978-3-943807-58-5
Preis: 17,90 €*

CHIA-SAMEN

Rezeptideen aus dem
Thermomix
ISBN: 978-3-943807-79-0
Preis: 8,90 €*

SMOOTHIES & FRUCHTSHAKES

Fruchtiger Trinkgenuss
aus dem Thermomix.
ISBN: 978-3-943807-71-4
Preis: 8,90 €*

VEGETARISCHE MITTAGSGERICHTE

Einfach und schnell
aus dem Thermomix.
ISBN: 978-3-943807-52-3
Preis: 9,90 €*

* Alle Preisangaben verstehen sich inkl. gesetzlicher MwSt. und zzgl. Versand